旅游地复杂系统演化

—— 网络视角下的研究 ——

旅游产业创新与发展丛书

赵赞

陆林 ◎ 著

国家自然科学基金地区项目（41861027）
国家自然科学基金重点项目（41930644）
联合资助

RESEARCH ON THE
EVOLUTION OF
TOURISM
DESTINATION
COMPLEX
SYSTEM:
From the
Perspective of
Network

经济管理出版社
ECONOMY & MANAGEMENT PUBLISHING HOUSE

图书在版编目（CIP）数据

旅游地复杂系统演化：网络视角下的研究/赵赞，陆林著 . —北京：经济管理出版社，2022.6

ISBN 978 - 7 - 5096 - 8534 - 1

Ⅰ. ①旅…　Ⅱ. ①赵…②陆…　Ⅲ. ①旅游地—经济发展—研究　Ⅳ. ①F590.3

中国版本图书馆 CIP 数据核字（2022）第 105939 号

组稿编辑：王光艳
责任编辑：王光艳　王玉林
责任印制：张莉琼
责任校对：张晓燕

出版发行：经济管理出版社
　　　　　（北京市海淀区北蜂窝 8 号中雅大厦 A 座 11 层　100038）
网　　址：www. E - mp. com. cn
电　　话：（010）51915602
印　　刷：北京晨旭印刷厂
经　　销：新华书店
开　　本：720mm×1000mm/16
印　　张：14.5
字　　数：209 千字
版　　次：2022 年 6 月第 1 版　　2022 年 6 月第 1 次印刷
书　　号：ISBN 978 - 7 - 5096 - 8534 - 1
定　　价：68.00 元

前　言

　　旅游地演化作为旅游地理学的核心问题之一，一直备受国内外学者的关注。如何定量精准地刻画与研判旅游地演化是旅游地理学长期探索且亟待突破的研究议题。该研究议题虽然在理论和实践方面取得了丰硕的成果，但主要从一般系统论、自组织理论、耗散结构理论、系统动力学、复杂适应系统理论等方面诠释了旅游地演化的过程和机制，研究方法多以定性分析为主，定量分析较少。虽然国外有少数学者采用定量研究，但涉及旅游地实证研究较少，普适性不强。本书基于网络视角，从复杂系统理论出发，以上海为案例地进行实证研究，试图构建旅游地复杂系统演化研究理论框架，深入系统地分析旅游地复杂系统演化的复杂网络统计特征、复杂结构，探讨了基于时间序列的复杂网络下的旅游地演化过程、特征及机制。本书运用水平可视图算法将表征旅游地复杂系统动态行为的时间序列映射为复杂网络，将系统科学、非线性动力学与网络科学相结合，采用成熟复杂网络分析法诠释旅游地复杂系统随时间变化的演化规律，尝试搭建网络科学与旅游地生命周期理论之间的桥梁，对充实和完善旅游地发展规律研究理论和实践体系，特别是为经典的旅游地演化理论能够更加精准、有效地协助管理者在旅游地采取适应性管理与调控提供了方法、技术支持，具有较好的理论和实践意义。

　　本书依托国家自然科学基金地区项目"基于网络视角的健康旅游地

复杂系统演化过程、动力机制研究——以巴马为例"（41861027）、国家自然科学基金重点项目"旅游引导城市群乡土——生态空间演化的过程、格局和机制"（41930644），根据旅游地理学、复杂系统理论、网络科学等多学科理论，基于复杂网络分析、时间序列分析、格兰杰因果关系等分析方法，运用Python、Pajek及Matlab等计算机软件，以及国家权威部门发布的旅游统计数据，以旅游地复杂系统为研究对象，系统研究旅游地复杂系统演化的状态、过程和演化机制。

首先，本书全面系统地剖析了旅游地复杂系统的概念，探讨了旅游地复杂系统演化的环境、特征、过程及机制，认为旅游地复杂系统是以政府、企业、居民、游客、非政府组织等作为旅游地复杂系统适应性主体，构成多主体行动者核心系统，并以其个体微观的适应性学习为系统主要驱动力，通过与旅游吸引物子系统、旅游服务设施子系统和环境子系统的物质、能量和信息交流中的非线性交互作用，推动旅游地复杂系统进化发展。

其次，本书运用水平可视图算法将表征旅游地复杂系统动态行为的时间序列映射为复杂网络，分析上海旅游地复杂系统演化的复杂网络统计特征及复杂结构发现：上海旅游地复杂系统演化具有小世界网络特性，近似无标度网络（幂律分布），网络度分布遵循指数分布形式。旅游地复杂系统遵循"有序—混沌（边缘）—涌现—更高级有序"，从低级有序走向高级有序的演化阶段"跃迁"过程；上海旅游业发展目前处于"无序中的有序"的"混沌的开始"（混沌边缘）或已进入混沌的高级有序态，系统原有的秩序已瓦解，旧的演化阶段也已结束，旅游地新的结构和功能正逐渐涌现，有待新演化阶段高级有序态的生成。

再次，本书采用GN模块化算法识别复杂网络系统结构的"网络星"——上海旅游地复杂系统演化过程的转折点，判断上海旅游地复杂系统演化阶段分为七个阶段（1998～2002年、2003～2006年、2007～2008年、2009～2010年、2011～2013年、2014～2016年、2017年至今），发现六个转折点（2002 年、2006 年、2008 年、2010 年、2013 年和 2016 年）与上海近年举办各类重大事件的时间点相对应，表明各类重大事件对演化"转折点"起到了"触发"作用，政府作为重大事件的主要推动者和举办者，其学习创新能力的提升对上海旅游业演化发展的"跃升"起到"推进器"的作用。旅游地复杂系统演化过程是系统混沌吸引子"跃迁"的过程，上海旅游地复杂系统演化过程则表现为将上海旅游阶段性发展目标作为上海旅游地复杂系统的混沌吸引子不断实现"跃迁"的过程。上海旅游发展的"混沌"状态与国际旅游主要影响国和国内旅游外地游客的需求变化有关。应加强管理和引导，使国际旅游主要影响国和国内外地游客旅游市场逐渐趋于稳定的可预测状态，促进上海旅游地新高级有序态的生成。

最后，本书探讨了旅游地复杂系统演化的本质，认为旅游地复杂系统适应性是主体微观个体进化的结果，旅游地复杂系统适应性主体间及与系统内外其他系统间的非线性相互作用是旅游地复杂系统演化的动力来源。上海旅游地复杂系统适应性主体的进化划分为：1998～2006 年自然选择为主导的单主体行动阶段、2007～2010 年学习适应主导的多主体互动阶段、2011 年至今自主创新主导的多主体网络阶段，政府和旅游企业的适应性主体行为在上海旅游地复杂系统适应性主体的非线性作用是系统演化发展的重要内生驱动力。

本书采用水平可视图算法将上海旅游地复杂系统演化的时间序列映射为复杂网络，探索旅游地复杂系统演化的过程与机制，重在关注旅游地阶段性演进中系统复杂的非线性动态行为特征，从长尺度探索旅游地复杂系统演化趋势分期规律，在小尺度刻画系统时序上的阶段性演进和波动性成长过程中，准确、客观判别系统不同演化阶段的发展特征。对在旅游地时序演化中探究系统阶段性演进的"关键要素"和"关键力量"，甚至对预测未来趋势提供了可能性。上海是我国改革开放和现代化发展的前沿城市，目前正处于形成以服务经济为主导产业的"转型发展、创新驱动"关键时期，适应经济新常态下旅游业发展趋势，实现上海旅游业稳定、快速、有序发展，是建设上海"四个中心"和现代化国际大都市的客观需要，对我国建设世界著名旅游城市起到了示范性作用。

目　录

第 1 章

绪论

　　本章阐述了本书研究的社会背景和理论背景，分析在经济全球化、交通技术和信息技术革命及互联网广泛运用的背景下，旅游业相关利益者关系的本质改变、旅游者需求的快速变化和旅游客源市场的波动，增加了旅游地发展的复杂性，采用传统线性方法研究旅游地系统，由于忽略了旅游地的复杂性和动态性，已不适应旅游地实践的发展。在对国内外旅游地复杂系统相关研究进行分析、评述的基础上，本书运用非线性方法，从网络视角研究旅游地复杂系统发展规律，减少旅游地演化分析主观性，为改变旅游地复杂系统演化能力、协助管理者在旅游地采取适应性管理与调控提供了方法技术支持，具有较强的理论意义和实践意义。

1.1 研究背景与研究意义

1.1.1 研究背景

20世纪90年代以来，随着经济全球化进程不断加快，国际人口流动更加频繁，促进全球人力、资本、信息等经济要素加速流动、聚集和优化，同时也促进了世界旅游业的发展。一方面，旅游业已成为不同国家、不同文化相互沟通、交流的重要渠道和全球经济增长最快、关联最广、规模最大的行业；另一方面，全球经济形势的复杂多变也影响了旅游业的发展。交通作为旅游地发展的先决条件，每一次交通工具的变革，都会对旅游业发展产生深刻的影响。高速铁路作为当今世界"交通革命"的一个重要标志，具有显著的"时空压缩"效应，加快了短程旅游者的流动，改变了旅游地的发展和空间演化格局。此外，互联网技术的发展实现了旅游者与旅游服务直接对接，旅游中间渠道服务被解构，使旅游地各相关利益者格局发生改变，进一步影响了旅游地发展。旅游者需求的多元化、个性化和品质化也大大增加了旅游客源市场的波动性。经济全球化、交通技术发展、信息技术革命及互联网广泛运用带来的旅游业各相关利益者关系的本质改变，旅游者需求的快速变化，都大大增加了旅游地发展的复杂性。

旅游地系统的研究主要基于传统线性简化方法。这种方法将系统分解为各组成部分，并通过单个变量之间的线性关系分析系统，忽略了旅游地的复杂性和动态性，难以适应旅游地实践的发展。旅游地发展具有的复杂特征，使其预测性较低，难以进行长期规划。研究旅游地复杂系统的发展规律，通过改变旅游地复杂系统演化能力，对旅游地系统内部及外部环境中可能发生的所有变化做出反应，监控管理者决策行为产生的影响，以确定未来的行动。即旅游地复杂系统既要适应环境，又要有助于创造环境，才能实现旅游地有效治理、平衡持续增长，提高整体市场竞争力。

目前，国内外学者对于复杂系统演化研究主要是基于系统动态的可观测变量代表系统行为，从中得到一些信息揭示复杂系统演化的过程、状态及其演化动力学特征。采用系统科学的定量分析主要是对系统可观测变量的时间序列进行非线性分析，比如 Lyapunov 指数、Hurst 指数、分形维数、符号离散化，利用熵值或类似定量方法测量其系统的复杂度（Kantz，1997；Sprott，2003）。这些方法本质上是对复杂系统演化轨迹进行时间离散化处理，一方面，分析过程较复杂（Baggio，2007；Baggio 和 Sainaghi，2011）；另一方面，需要运用大量的观察资料，而这在旅游研究领域很难做到（Sainaghi 和 Baggio，2017）。近年来，网络科学已成为研究复杂系统演化的有效方法（Baggio，2010，2011；Van der Zeet 和 Vanneste，2015；刘法建，2016）。社会网络分析法（SNA）是旅游地复杂系统演化研究常用的方法。但由于收集和分析数据较为困难，受到特定方法的限制，对旅游地仅是基于一年的定量和定性分析，因此创建的仅是特定时间的"快照"，无法提供旅游地复杂系统整个演化过程的定量分析和网络动态变化过程，也无法定量地识别旅游地复杂系统演化过程的"转折点"。

一方面，上海作为我国改革开放和现代化发展的前沿城市，目前正处于形成以服务经济为主导产业结构的"转型发展、创新驱动"关键时期，旅游业作为上海国民经济支柱产业和现代服务业的重要组成部分，以及与当地居民生活紧密相关的幸福产业，是提升上海城市能级和核心竞争力的重要支撑。适应双循环格局下国际旅游业发展趋势，实现上海旅游业稳定、快速、有序发展，是实现上海产业结构持续优化，推进上海"四个中心"和现代化国际大都市的客观需要。

另一方面，上海在迈向第六大世界级城市群长三角的"龙头"、"一带一路"桥头堡城市、具有国际影响力的卓越全球旅游城市的发展过程中，对我国的世界著名旅游城市建设起着示范性作用。

本书以系统科学理论为指导，从网络科学的视角，以上海旅游发展为案例，阐释旅游地复杂系统研究的理论框架，定量分析上海旅游地复杂系统演化的复杂结构，通过识别演化"转折点"，划分上海旅游地复杂系统演化阶段，探究演化过程的特征和影响因素，揭示旅游地复杂系统演化机制，探索提升上海旅游地复杂系统演化能力的措施，以期了解和掌握上海的都市旅游发展客观规律，减少旅游地演化分析主观性，充实和完善旅游地发展规律研究的理论和实践体系。

1.1.2　研究意义

1.1.2.1　理论意义

第一，本书运用系统科学理论，结合网络分析方法探索旅游地发展过程及其深层作用机制，有助于深入探究旅游地复杂系统的复杂性、动态性及运行原理，理解都市旅游地发展过程及背后成因，进一步深化旅游地复杂系统演化研究内容，推进都市旅游地的实证研究，丰富旅游地理学理论与方法体系。

第二，本书基于HVG分析上海旅游地复杂系统演化复杂结构，将演化过程运用网络图的方式直观地展现出来，定量识别演化"转折点"和发展阶段，以期减少旅游地复杂系统演化分析的主观性，提高旅游地复杂系统研究的精确度，有助于建立网络科学与旅游地生命周期理论之间的"桥梁"。

1.1.2.2 实践意义

第一，本书分析了上海旅游发展的复杂结构、演化过程及特征，揭示了上海旅游地复杂系统演化动力机制，进一步探究旅游地发展规律，以期为我国都市旅游地发展提供借鉴。

第二，本书分析了上海旅游发展的复杂性，揭示了上海旅游地复杂系统演化过程中的"关键时刻"及演化发展的影响因素、提升上海旅游地复杂系统演化能力的措施，有助于上海旅游业发展的科学决策与管理，强化各级行动者的行动与战略意识，增强上海旅游业发展的内生动力及可持续发展能力，提高国际市场核心竞争力，实现旅游业健康、有序、快速发展。

1.2 国内外研究进展及启示

1.2.1 系统科学在旅游地复杂系统演化的研究进展

1.2.1.1 国外研究进展

（1）旅游地系统复杂性及复杂结构研究

Sessa（1998）从地理空间角度出发阐述了地域旅游系统概念；Gunn 和 Var（2002）以系统功能为视角，从旅游供需角度分析了旅游地复杂系统的功能、结构及与环境之间的动态演化关系；Russell 和 Faulkner（1999）以混沌理论为基础，分析了旅游地复杂系统的复杂性；此后，Van Doorn（1984）等学者对该模型进行了修正或补充。McKercher（1999）认为旅游地系统本质上是一个混沌的、非线性的、不确定的系统，并提出了一种基于混沌理论的旅游地发展模式。Zahra 和 Ryan（2007）认为旅游地的发展常常表现为非线性起伏和显著的干预措施。Baggio（2020）分析了旅游目的地是一个动态演化的复杂系统，包含许多非线性的因素和活动；并以复杂性框架作为理解结构、特征、关系的一种手段，探讨了复杂性科学对旅游系统的影响和贡献。Schianetz 和 Kavanagh（2008）采用复杂自适应系统（CAS）方法，提出了旅游目的地的可持续性评价指标选择方法的框架及指标体系，并以澳大利亚昆士兰国家公园为例进行验证。McDonald（2009）认为，复杂性科学和混沌理论为观察和理解旅游地现象提供了另一种范式，应从混沌边缘、奇怪吸引子和突变去理解旅游地系统内各相关利益者的关系，并以西澳大利亚珀斯天鹅河为例，提出了一个解释性框架。Baidal 等（2013）认为，成熟的旅游目的地的活力带来了旅游地发展的复杂性，应该对成熟目的地的演变和政策的理论框架进行修订，以反映这些目的地演变的复杂性和动态的特征，适应与旅游市场和全球社会经济环境的变动。

（2）旅游地复杂系统演化过程及动力机制研究

Russell 和 Faulkner（1999）将混沌理论引入旅游地复杂系统的研究，认为旅游地复杂系统的复杂性特征使"混沌制造者"引起的旅游地演化呈紊乱及周期性振荡状态，系统呈现出非线性、有限预测性与不可控性。Russell 和 Faulkner（2004）以两个澳大利亚目的地发展为例，运用混沌理论和生命周期理论，强调旅游地演化过程中的动荡、变化和不可预测性的因素。Zahra 和 Ryan（2007）采用混沌理论研究了旅游地复杂系统演化的动态性与稳定性、非线性与线性、有限预测与可预测的交互特征。Cole（2009）运用离散 Logistic 方程（DLE）、一个混沌模型对旅游地发展进行分析，表明旅游业与传统增长模型或局部供求弹性模型表现出完全不同的演化过程。Baggio 和 Sainaghi（2011）认为旅游地复杂系统趋向于一个混乱的阶段，但进展缓慢；该系统的稳定性相当高：它能很好地抵抗瞬态冲击，但长记忆特性往往会使其保持在所产生的路径上。Baidal 等（2013）以西班牙贝尼多姆（Benidorm）为案例地，根据过夜旅游者人数的变化，把旅游地的发展分为衰退、扩张、稳定和复苏四个阶段，认为旅游目的地演变是全球因素与地方反应交叉的内外部动力作用的结果。Pavlovich（2014）分析旅游地发展的非线性、协作和整体性的相关关系，认为当旅游地处于混沌的边缘，将进入一个快速变化状态的临界点，从而可能会产生新的演化阶段。Boukas 和 Ziakas（2014）以混沌理论为视角，探讨经济危机与意外事件互动效应对塞浦路斯旅游业的影响，认为旅游地系统的转变是若干内生和外生事件相互作用的结果。Olmedo 和 Mateos（2015）提出了量化旅游地复杂系统混沌状态的五个量化指标，并以此分析认为西班牙马略卡岛（Majorca）旅游地处于混沌状态。

（3）旅游地复杂系统影响因素的研究

Butler（1980）提出旅游地接待旅游者人数、交通可进入性、政府制定的政策、环境保护、发展的速度，以及其他同类地区的竞争都将引起旅游地的变化。Meyer Arend（1985）以格兰德岛为案例地，认为当地居住模式和人们观念的变化都将使旅游地由从最初阶段向下一阶段演替发展。Debbage（1990）通过对天堂岛（Paradise Island）的研究，认为主要经营者的旅游市场策略是引起旅游地发展变化的主导因素。Cooper 和 Jackson（1989）指出旅游地经营者决策的变化、海滨旅游胜地旅游需求程度下降等多种因素是引起男人岛演变的原因。Ioannides（1992）认为政府相关措施与国外著名演员的活动是影响塞浦路斯旅游度假区发展变化的原因。Baidal 等（2013）认为旅游地的演化与旅游地发展模式有关，案例地贝尼多姆的演变是以城市模式为基础的，即住宿制度的基础与城市结构内的商业和娱乐活动之间的整体关系。Boukas 和 Ziakas（2014）认为经济危机与意外事件互动效应使塞浦路斯旅游业处于混沌状态，是影响旅游地系统演化的重要原因。Rodolfo Baggio 和 Ruggero Sainaghi（2016）以意大利利维尼奥（Livigno）为案例，发现国家货币严重贬值时，由于严重影响了国内旅游需求，致使旅游地演化发生改变。Sainaghi 和 Baggio（2017）研究结果表明季节性越大，旅游地进入混沌阈值的概率就越高；基尼指数越高，旅游地复杂系统的模块性越高，系统进入下一演化阶段的概率就越大。

1.2.1.2 国内研究进展

（1）旅游地复杂系统概念及结构研究

吴必虎（1998）、杨新军和窦文章（1998）、王家骏（1999）、吴人韦（1999）以系统功能为视角，从旅游供需角度分析了旅游地系统的结构、功能及与环境间的演化关系；在刘峰（1999）旅游系统输入输出结构模型的基础上，郭伟和方淑芬（2004）提出了旅游地复杂系统概念且建立了结构模型；孙钰霞和张明举（2002）采用耗散结构理论分析重庆旅游系统优化措施；王迪云（2006）阐述了旅游耗散结构系统概念，从理论和实证方面研究了旅游耗散结构系统的开发；徐红罡等（2005）从系统动力学角度，以城市为旅游地生命周期研究框架，建立了城市旅游地系统发展动态模型。李文兵（2003）以国内"黄金周"为案例，基于控制理论研究了旅游地复杂系统的构成、结构和功能，认为系统与环境间的输入、输出是由多种变量组合构成的。徐菁等（2008）从自组织特征出发，以旅游系统为研究对象，分析旅游系统的内部特征，发现旅游系统具有开放性、远离平衡态、内部适应非线形调节的耗散结构三个特征。陈雪婷（2015）从系统构成、相互作用及空间结构和发展演化，分析旅游地地域系统的复杂性。杨仲元等（2016）从系统内部要素交互关系出发，明确旅游地是由主体系统、旅游服务设施系统、旅游吸引物系统及外部环境系统四个部分组成，通过多个适应性主体相互作用而形成的复杂适应系统。孙琪（2017）运用熵值赋权法对构建的生态旅游系统健康评价指标体系的各项指标划分标准和依据，并将隶属度和健康指数作为城市生态旅游系统健康的评价方法。赵刘和王咏（2018）构建了社会—生态弹性旅游系统分析模型，认为旅游系统弹性理论研究应从线性模型进入复杂性研究范式。李佳婧和陈朝隆（2018）构建区域旅游系统与交通系统评价指标体系，以2006～2013年广东省21个地级市数据为基础，运用耦合模型分析旅游系统与交通系统的时空变化。

（2）旅游地复杂系统演化过程研究

保继刚和郑海燕（2004）从系统动力学视角，以苏州为案例，分析了旅游地演化特征和运行机理。杨春宇等（2009）以系统科学为指导，基于生命周期理论，分析了旅游地复杂系统演化周期性、振荡性的演化规律，并建立了演化简化图。刘承良等（2013）引入系统动力学理论，通过因果关系和流图分析方法，建立经济—资源—环境耦合作用的系统动力学模型，探讨武汉城市系统要素之间相互耦合的动态演化过程。

陆林和鲍捷（2010）认为，旅游耗散结构系统的演化是从无序向有序的生成过程，将千岛湖旅游地系统演化进程大致划分为系统萌芽、系统形成、系统发展和系统优化阶段。蒋长春和张瑜（2013）基于耗散结构理论，分析了湄洲岛旅游地系统演化过程及机制。李雪等（2012）认为旅游地域系统作为一个开放的复杂巨系统，具备耗散结构和自组织特性。冯卫红（2006）基于系统熵变理论，对人类活动无序度熵变与生态环境承载力熵变差值进行比较，从人地关系的视角研究生态旅游地域系统的演变和可持续发展的能力。徐小波等（2008）以自组织理论为基础，提出人为因素和旅游区自组织作用形成的"有序"是影响旅游区地域空间结构演化的主要因素，建立了区域旅游空间结构组织过程及机理模型。徐菁等（2008）证明了旅游系统自组织的演化过程，利用熵值来度量自组织的程度，对系统的外熵、内熵及两者的相互作用机理进行了深入的分析，并以长三角地区为证，做了实证研究。

卞显红（2011）基于自组织理论，分析了杭州国际旅游综合体空间演化过程的四个发展阶段。阎友兵和张颖辉（2012）基于自组织理论，对湖南旅游系统演化进行了因子分析和灰色关联分析。陆林和鲍捷（2012）在建立旅游地空间演化模式的基础上，认为桂林—漓江—阳朔旅游地系统演化经历的萌芽期、极化期和优化期三个阶段，呈现均质发展、极化发展、扩散发展的特征，并有向板块发展演化的趋势。

陈雪婷（2015）采用聚集分形方法，研究了黑龙江省旅游地域系统的要素和空间结构及自组织系统，分析了系统的自组织演化过程和景区景点、旅游服务设施凝聚力强度。杨仲元等（2016）根据复杂适应系统理论，探讨了皖南旅游区空间演化经历空间集聚体形成、增长和涌现阶段的过程。陆林等（2017）运用协同理论探讨了旅游综合体演化过程可以划分为要素集聚、要素共生和要素融合阶段，并以西溪旅游综合体为例，分析其发展的萌芽、成长、完善阶段。琚胜利和陆林（2010）分析了庐山风景区功能演化的混沌特征，提出控制混沌要素将有利于景区有序发展，并得出景区演化是周期和非周期相对统一的结论。祁洪玲（2018）根据旅游地生命周期理论和演化地理学理论，将大连金石滩滨海旅游地系统划分为探索、保护性开发、快速发展、稳固转型和停滞波动五个阶段，从旅游供给和旅游需求两方面分析金石滩滨海旅游地演化的影响因素，认为现阶段社会容量和游客心理容量是影响金石滩滨海旅游地可持续发展的重要因素。李伯华等（2018）基于复杂适应系统理论，提出传统村落人居环境由自然生态环境、地域空间环境、社会文化环境和多元主体系统构成，把张谷英村人居环境演化划分为徘徊、过渡、剧变三个阶段，认为多元主体的交互作用是张谷英村人居环境演变的主导力量，从提升自适应能力和自组织作用、优化主导调控和引入社会治理等方面建立了张谷英村人居环境系统调控机制。崔凤军等（2018）将长三角区域旅游合作演化划分为尝试探索、实质起步、快速发展和稳定提升四个阶段，发现低单位成本和多样性、高等级偏好等成本偏好形成的供需耦合模式推进了长三角区域旅游合作进程。陆林等（2021）基于全球地方化视角构建旅游地演化概念框架，认为全球地方化理论为旅游地演化的过程与机制研究与中国社会经济发展的诸多问题建立了联系，拓宽了传统旅游地演化命题的研究思路；多尺度、多地域、多类型空间模式研究是开展全球地方化视角下旅游地演化研究的具体路径，全球地方化视角下的旅游地演化契合中国人地关系的时空演变，为中国旅游地演化的系统性研究提供了实践方案，也为中国旅游地理学研究范式转型和创新提供了思路。

（3）旅游地复杂系统演化动力机制研究

彭华（1999）分析了旅游地复杂系统动力机制及变动趋势，构建旅游系统动力及结构模型。王云才（2002）分析旅游经济子系统动力过程与运行机制，构建旅游经济系统动力学模型。陈睿和吕斌（2004）以自组织性理论为基础，由旅游者微观需求决策机制推演旅游地域系统宏观组织秩序，分析旅游地域系统自组织动力机制。赵黎明和杨其元（2007）从系统动力学视角进行旅游城市系统仿真分析。徐红罡（2009）从系统动力学理论，解释旅游地复杂系统内部结构和各要素间的作用机制，建立生态旅游结构模型，探讨生态、社会和经济系统之间的结构行为关系。

杨春宇等（2009）分析旅游地复杂系统演化的动力机制，认为旅游地复杂系统内部矛盾之间的"自耦合"与"自缠绕"及其反馈循环所形成的系统"涨落"是系统演化的驱动力，系统在内外因素复杂的竞争和协同机制作用下构成自组织系统。陆林和鲍捷（2010）等分析了千岛湖旅游地演化机制，指出负熵输入是旅游地系统演化的本质，演化动力来源于系统非线性作用。卞显红（2011）认为集聚与扩散机制使旅游产业集群从无序状态演化为有序状态，正负反馈机制是旅游产业集群规模的自我调节机制。陆林等（2012）分析以漓江为主导的桂林—漓江—阳朔旅游地系统演化机制，萌芽期——资源禀赋驱动，极化期——循环积累因果效应推动，优化期——综合效益的追求。蒋长春和张瑜（2013）以湄洲岛为例，以耗散结构理论为依据，分析旅游地系统演化过程及机制。杨仲元等（2016）分析皖南旅游区演化机制，认为以黄山和九华山为核心的旅游吸引物的开发促进了空间聚集体的形成，西递、宏村景区的快速发展推动空间聚集体的增长；主体间的非线性作用加强，新兴发展要素和传统发展要素催生的新的旅游产品，推动皖南旅游区进入空间聚体的涌现阶段。陆林等（2017）运用协同理论探讨了旅游综合体演化本质是系统序参量的变化，不同演化阶段序参量不同，演化动力是要素间的非线性作用，并由构成系统各要素的相互作用及内外部物质能量交换的反馈机制来实现。祁洪玲（2018）运用供给 需求矛盾理论和旅游地系统论，认为旅游供给与需求的耦合力是大连金石滩滨海旅游地演化的动力来源，旅游地容量是其演化的限制因素，政治环境和环境灾难是其发展的破坏机制。李文兵等（2018）基于网络嵌入理论，发现宜春天宝古村旅游在政府他组织介入下走向系统自组织，而贾家古村旅游则是由原来的系统自组织走向内部系统的他组织，两个村落古镇旅游呈现不同的演化分异趋势。

1.2.2 网络科学在旅游地复杂系统演化的相关研究进展

1.2.2.1 国外相关研究进展

国外运用网络涉及旅游地的研究，始于 20 世纪 90 年代一些国外学者的旅游政策网络研究，逐步应用到企业管理、企业与组织学习、知识管理、社区等方面（刘法建等，2016），随后扩展到各种旅游地发展和管理问题（Dredge，2006；Hall，1999）。大多数关于旅游地系统网络研究在 2000 年后，主要采用社会网络分析法（SNA），有时与其他理论方法（集群分析、市场营销、管理、可持续旅游）相结合。Bhat 和 Milne（2008）认为 SNA 关注的不是一个人或者一个组织，也不是动态关系，而是包含所有组织作用的整体关系模式，研究相互作用如何构成一个框架或结构（Wasserman 和 Galaskiewicz，1994），与系统科学关注整体性研究相一致。旅游地系统网络是由一组相互连接的节点组成（Burt，1992），这些节点包括当地企业、公益组织、联盟、旅游者、居民；节点间是紧密相连的，通过它们之间业务关系（政策、商业、所有权）或者通过个人连接（家庭、友谊、信任）（Sainaghi，2014）表示；目的是创造旅游整体旅游产品（Murphy 等，2000）。这些连接能够增加旅游业（Campopiano 等，2016；Von Friedrichs，2006）和非旅游业网络中行动者的社会资本（Coviello，2006），主要的企业、旅游者、当地联盟在旅游地网络中都扮演了重要的角色，有较高的中心性（Bornhorst 等，2010）。

Pavlovich（2004）运用社会网络理论的结构学研究方法，从旅游地组织机构发展变化模式角度，分析新西兰怀托摩（Waitomo）岩洞旅游地网络的形成、演化，以及与重要事件的关系。Scott 等（2008）运用网络中心度研究了澳大利亚四个不同旅游地的网络特征差异，认为旅游地内部组织关系网络是由旅游地供给商提供的旅游产品组织构成。Timur 和

Getz（2008）比较分析了卡尔加里、旧金山和维多利亚的旅游地网络特征。Baggio 和 Cooper（2010）提出旅游地作为无标度复杂网络，是由旅游地信息扩散过程而形成，并通过对比旅游网站的实质与实体网络，认为旅游地系统网络类型可能由旅游企业营销网络决定，旅游公司社会经济网络则由与其网站有链接的网络反映出来。Beaumont 和 Dredge（2010）通过对三个不同旅游地治理网络的个案研究，比较了旅游地各种治理模式的有效性，为旅游地的网络治理研究提供了理论和实践上的认识。Baggio 和 Sainaghi（2016）将一系列时间序列观察变量转换成网络，并结合运用非线性模型分析了旅游地复杂系统结构，并以此判断其旅游需求变化点。Sainaghi 和 Baggio（2017）认为旅游地作为复杂系统，其复杂性表现在非线性关系、自组织行为、模块化、层次结构的出现，并运用非线性模型及网络分析相结合分析两个不同地区的七个旅游地复杂系统结构，探索旅游目的地随时间动态演化的过程，认为不同旅游地有不同的演化过程。Baggio（2020）从网络科学视角，认为旅游地作为一个复杂的目的地系统，网络拓扑结构的相似性具有普遍特征，表明旅游目的地管理者制订计划和行动的一致性。

1.2.2.2 国内相关研究进展

国内旅游地系统的网络研究起步较晚。最初由陈秀琼和黄福才（2006）、杨兴柱等（2007）、刘法建等（2009）从社会网络视角分析区域旅游流网络，刘法建等（2009）开始同旅游地角色等研究进行结合，而后刘法建等（2010）、王素洁等（2009）对国外网络理论进行梳理和总结。旅游政策网络研究，包括张朝枝和保继刚（2007）、郭晓东等（2008）对旅游制度变更的研究，石培华等（2010）旅游产业网络政策研究，何建民（2006）、胡瑞娟和匡林（2009）的旅游市场网络政策研究，刘俊（2011）的区域旅游网络政策研究等。赵磊（2011）旅游系统网络理论研究；陈冬冬等（2008）、王涛和邓荣霖（2010）对旅游地知识管理与创新网络的研究；徐红罡和马少吟（2012）探索了旅游地产业链与产业集群网络，但涉及旅游地网络的研究较少。

杨效忠等（2009，2011）采用社会网络理论和方法，分析了大别山天堂寨跨界旅游区网络结构，揭示了跨界旅游区合作行为实质为跨界旅游组织之间接触交流的网络构建和重组，明确了跨界旅游的合作影响机制是一个由宏观、中观和微观三个层面的影响因子交互作用而形成的复杂循环反馈系统，并深入研究了跨界旅游区的空间经济联系、边界效用和合作机制。刘法建等（2014）以黄山风景区及汤口社区为例，运用社会网络和生命周期理论探索其演化过程和机制，对发展过程的五个阶段进行网络结构展示及分析。王利伟等（2009）对武陵源旅游地网络进行构建，并分析其复杂的、动态的、开放的、具备创新特征的网络发展演变过程，提出促进目的地旅游网络发展的建议。刘法建等（2016）对国内外以社会网络作为旅游地研究的相关文献进行梳理，并进行了述评，认为旅游地网络演化研究有助于揭示旅游地各种利益相关者是如何形成一个由各种关系交织而成的多元、复杂、交叉重叠的旅游地产业体系。高苹和席建超（2018）以河北省野三坡旅游地为例，通过建立旅游联系强度模型，建立旅游地空间网络，揭示了旅游地网络空间结构与组织的复杂性特征。马慧强等（2018）运用社会网络理论，以"网络演化"为视角，从时空尺度探索旅游地形成过程，发现1986～2015年河北省野三坡旅游地网络的规模持续扩大、联系不断增强，呈现中心性下降、空间分布不均衡现象，将野三坡旅游地网络演化划分为单核集聚、双核共生、多核等级化和链式全域化四个空间过程，认为影响旅游网络形成和演化的因素是交通网络可达性、旅游企业及政府政策与规划、旅游消费者和社区参与度。

1.2.3 研究述评及启示

1.2.3.1 研究述评

国内外旅游地复杂系统演化研究主要从系统科学和网络科学两个方

面进行。许多学者从系统科学的角度进行旅游地研究认为，旅游地是一个复杂的动态系统，由不同的实体（公司、协会等）和资源相互作用，以非平凡和复杂的方式满足各类需求，非线性关系、自组织行为、模块化和层次化结构的复杂性是旅游地特征的综合表现。以系统科学为指导的研究，目前国外学者研究主要以混沌理论为主，侧重旅游地复杂系统的复杂性及动态演化特征研究，关注系统形成演化的影响因素，较少涉及旅游地复杂系统演化动力机制；国内学者的研究主要从一般系统论、自组织理论、耗散结构理论，以及系统动力学及复杂适应系统理论等出发，诠释旅游地演化发展的过程和机制，研究地域结构影响因素、旅游地竞合过程中的空间极化和扩散效应、系统内外各要素的相互作用及交互关系，探索旅游地系统的整体性、有机性、动态性、非平衡性等特征，系统演化驱动因素及内在运行机制。在研究方法上，国内外研究多以定性分析或者概念性分析为主，定量分析较少，不利于揭示旅游地复杂系统演化的本质；国外虽有少数学者采用定量研究，但涉及旅游地实证研究较少，普适性不强。

网络科学目前已成为研究复杂系统演化的有效方法。旅游地复杂系统可以描述为由一组相互连接、相互作用的节点组成的网络，这些节点由行动者，如政府、当地企业、公益组织、当地居民等构成。网络中的链接或边通常对应于各行动者之间的相互作用或关系，不同的行动者有着各自的利益，其紧密链连的目的是"共同创造"旅游地整体旅游产品（Murphy 等，2000）。这里的"网络"代表旅游地复杂系统的结构，也可以表示复杂系统的演化过程或功能（如解释节点为某状态，链路作为转换方式）。以网络科学为视角的国内外研究，国外学者主要注重研究框架和体系的构建，运用网络分析从"结构"和"联系"的视角对旅游地现象进行剖析，擅长从定量数据挖掘网络信息，并对相关网络模型进行建构和评价，揭示事物的属性，但忽略了旅游地内部系统与外部系统的互动效应；以定性和描述性分析旅游地网络演化及旅游地发展的居多。国内学者关于旅游地网络的相关研究，主要集中在旅游流网络的构建及其空间结构等方面，对旅游地网络演化关注较少；研究以简单描述为主，理论提升尚欠缺，未能有效解释旅游地发展问题。

1.2.3.2 研究启示

第一，旅游地复杂系统演化的理论框架还不完善。目前旅游地复杂系统演化研究主要以单个案例的实证研究为主，亟待建立关于旅游地复杂系统演化的相关概念、复杂特征、演化过程及机制的系统理论体系。系统科学是揭示旅游地复杂系统演化过程和运行机理的理论基础，但由于目前系统科学非线性定量分析过于繁冗，对数据要求较高，不适合运用于旅游地复杂系统分析；而网络科学目前已具有较为成熟的网络结构测度指标定量运算分析，且所需数据相对较容易收集。因此，运用系统科学理论和网络科学方法相融合，各取所长，才能分析旅游地复杂系统内外部各要素的相互作用及关系，揭示旅游地复杂系统演化的过程及内在作用机制。

第二，对旅游地复杂系统演化的复杂性研究较少，对于旅游地演化过程的"转折点"研究尚欠缺。目前关于旅游地复杂系统演化过程的研究，主要是基于生命周期理论来划分旅游地系统的演化阶段，以定性分析为主，不利于精准地剖析促使旅游地演化阶段"跃迁"的主导因素，也无法揭示旅游地发展的状态。探索旅游地复杂系统演化的复杂结构，识别演化过程的"转换点"，找出影响旅游地复杂系统演化的重要因素，解决系统演化阶段如何实现"跃迁"问题，对实现旅游地有序、快速、持续发展具有重要的现实和理论意义，这也是本书需要重点突破的。

第三，旅游地复杂系统演化研究以定性分析为主，定量分析较少。这不利于充分揭示旅游地复杂系统演化的本质及旅游地发展规律。国内外已有少数学者采用定量研究，但实证研究不多，涉及旅游地类型较少，普适性还不强。

1.3 研究目标及主要内容

1.3.1 研究目标

本书在系统梳理和全面了解国内外系统科学和网络科学在旅游地复杂系统演化研究的基础上，阐述旅游地复杂系统概念框架，运用科学计量网络可视化方法，以上海为案例地，通过探索旅游地复杂系统演化的复杂结构，分析旅游地发展现状；洞悉旅游地旅游发展的"关键时刻"、演化阶段及特征和影响因素，探究旅游地旅游发展的过程、机制，提升旅游核心竞争力，拟完成以下三个研究目标：

首先，研究旅游地发展的复杂性，量化测定旅游地旅游发展的复杂结构。

其次，研究旅游地复杂系统演化过程及特征，更加精确、客观地判断旅游地旅游发展的"转折点"及其背后的"关键事件"，探寻影响旅游地旅游发展的重要因素。

最后，分析旅游地复杂系统演化的本质，探索助推旅游地复杂系统演化发展的内生动力。

1.3.2 研究内容

本书在系统总结国内外有关旅游地复杂系统演化相关研究成果的基础上，将旅游地视为复杂系统，立足系统科学理论，从网络科学的视角，力求科学地洞悉旅游地发展规律。重点以旅游地发展演变的规律、特征和动力机制为主线，以上海为案例地，开展以下几个方面的研究：

其一，通过梳理分析旅游地复杂系统的相关概念和基本理论，构建旅游地复杂系统演化研究的理论框架。

其二，阐述旅游地复杂系统演化分析方法，量化测定旅游地复杂系统演化的复杂网络统计特征，探索旅游地旅游发展的复杂结构，分析旅游地旅游业发展的状态。

其三，通过科学计量将旅游地复杂系统演化过程以可视化网络形式展现，运用复杂网络模块化运算，确定整体网络中的各子网络的分离点，即系统演化的"转折点"，以此划分旅游地复杂系统演化阶段，分析演化过程特征，探究影响旅游地复杂系统演化背后的"关键因素"。

其四，分析旅游地复杂系统演化的本质，探索助推旅游地复杂系统演化发展的内生动力，提出旅游地复杂系统演化能力提升的措施。

1.4 研究方法与技术路线

1.4.1 研究方法

本书立足系统科学和复杂性科学的相关理论与方法，融合网络科学，利用多学科的思维方式，研究旅游地复杂系统演化复杂结构、发展过程和动力机制。

1.4.1.1 文献分析法

基于大量国内外旅游地复杂系统的相关研究，总结已有理论知识及研究成果，运用文献梳理和结构模型方法，阐述旅游地复杂系统的相关概念和结构框架。

1.4.1.2 系统科学与网络科学相结合的研究方法

旅游地复杂系统演化的复杂性、发展过程及动力机制研究涉及自组织理论、耗散结论理论、混沌理论和复杂适应系统理论等系统科学和复杂性科学理论；而旅游地复杂系统复杂结构和演化过程的科学计量与网络可视化形式，则需要运用网络科学的相关理论和方法。因此，本书综合运用复杂系统科学与网络科学相结合的综合思维研究范式。

1.4.1.3 定性与定量研究相结合

本书根据所收集数据和相关概念间关系的性质，将定性和定量分析相结合，借助非线性动力学原理，分析旅游地复杂系统概念和结构框架，探究旅游地复杂系统演化复杂性、发展阶段特征和演化机制；运用水平可视图（HVG）算法，将随机序列、分形布朗运动序列两个随机模型和逻辑斯蒂方程（Logistic 方程）、洛伦兹方程（Lorenz 方程）两个非线性动力学模型，作为量化健康旅游地复杂系统复杂结构的参考，定量分析旅游地复杂系统结构，并运用 GN 模块化分析算法，识别旅游地复杂系统演化的"转折点"；依据格兰杰因果关系检验结果和归纳法，分析旅游地复杂系统演化的影响因素。

1.4.1.4　理论研究与实证研究相结合

本书构建旅游地复杂系统的概念和结构框架，以上海为研究案例地，对旅游地复杂系统演化的复杂性特征、演化过程及特征和演化机制进行理论研究；具有一定的代表性与典型意义，不仅为我国建设具有全球影响力的世界著名旅游城市提供示范性作用，也为我国都市旅游地发展升级提供科学依据。

1.4.2　技术路线

本书根据研究内容和研究方法，采取的技术路线如图 1-1 所示：

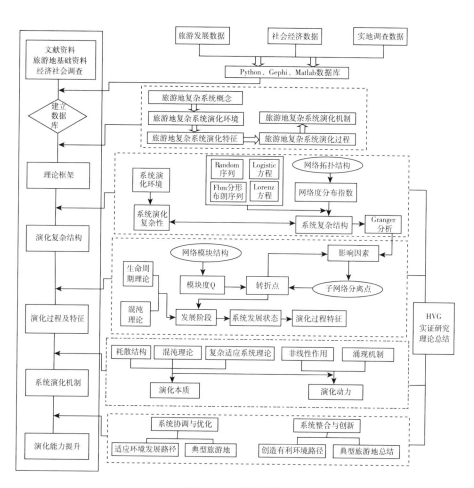

图 1-1 技术路线

第 2 章

旅游地复杂系统相关概念与理论基础

本章对本书旅游地复杂系统研究所涉及的复杂系统、复杂网络、非线性动力系统和时间序列的相关概念内涵、外延进行界定与梳理，阐述研究相关基础理论——耗散结构理论、混沌理论、复杂适应系统理论、系统动力学理论，为从网络视角下进行旅游地复杂系统研究打下理论基础。

2.1　旅游地复杂系统相关概念

2.1.1　复杂系统

英国著名物理学家霍金称"21世纪将是复杂性科学的世纪",复杂系统理论作为复杂性科学的核心被广泛应用到各个学科领域。复杂系统是由许多相互关联的元素及动态非线性的环境组成的实体,系统微观主体(Agent)之间的相互作用随着时间的推移可以在系统宏观尺度上涌现出新的结构和功能,系统宏观的变化由局部规则的转换而产生。

2.1.1.1　系统的复杂性

系统的进化发展总是走向结构功能复杂性增长的方向,系统进化过程就是系统复杂性增长的过程。系统的结构与功能主要有三个维度:空间维度(结构)、时间维度(功能、动态维度)和尺度维度。

(1)系统结构的复杂性及增长

系统结构是系统中诸元素之间的相互关系或关系网络;结构复杂性则是指这些元素空间秩序复杂性的增长,并通过多样性的产生和适应性的选择实现系统的进化。系统结构复杂性的增长首先来自进化过程中结构多样性的增加,表现为内部系统组成要素及关系的突变和外部一个系统与另一系统的组合;系统形态与结构越多样,系统就越复杂。其次系统元素之间的相互关系越来越紧密。系统元素联系越紧密,系统的复杂性越大。当系统的多样性和联系性都因进化而加强时，结构复杂性则不断向上增长。从系统与系统之间的相互作用来看，系统进化过程中结构新层次的形成则表现为系统的尺度，即层次结构和垂直结构复杂性增加。

此外，系统结构复杂性在一定范围内还存在加速增长的趋势。系统进化中每出现一个新子系统，就将变成一个新的选择器，使更多的新子系统适应它。当新子系统变化超过系统临界值时，系统结构的复杂性便呈指数级增加，导致系统复杂性发展的正反馈作用，系统将朝着更复杂的方向发展。

（2）环境复杂性带来系统功能复杂性的增长

系统功能是指系统与外界环境相互关系中呈现的变化和所表现的行为。系统外部环境总是不断变化的，不断干扰系统的稳定发展。环境的复杂性，主要表现为环境与系统关系中的多样性变化。根据艾什比的必要多样性定律，与外部环境干扰产生的多样性相比，系统如要适应环境变化，其实施行为的多样性则必须比其更大或至少相等。系统对环境干扰产生的有效对抗行为多样性越大，控制行为的潜在多样性越大，所抵消环境的干扰及纠正偏差的概率就越大，系统适应环境度则越大。因此，系统要适应环境的变化，应倾向于增加系统控制行为、增加内在行为多样性，从而带来系统功能复杂性增长，导致功能层次的增加。Turchin（1977）将控制层级的增加、更高控制层级的突现称为元系统跃迁；系统进化带来结构功能的复杂性增加必须伴随着元系统跃迁过程。

在一定限度内，环境还使系统功能的多样性和复杂性不断加强。当系统多样性增加，以较高的多样性和复杂性水平达到平衡点时，为了控制更加多样和复杂的环境以适应环境，系统将以更强烈的需求来增加自己的多样性和复杂性，从而带来增加功能复杂性的正反馈作用，即系统功能复杂性的不断加强。正如 Van Valen（1973）的"红皇后原理"（Red Queen Principle），"你必须拼命奔跑，为的是保持原地不动"。

2.1.1.2 复杂系统特征

复杂系统具有五个基本特征：①动态性与非线性。复杂系统是具有非线性作用的动态系统，系统总是处于不断的发展变化之中。②层级性。即复杂系统具有多层次的子系统与子子系统，层级越高则越表现宏观特性，层次越低则越表现微观特征。③开放性。系统内外部相互作用、相互联系，进行物质、能量和信息交换。④涌现性。这主要是指复杂系统由大量微观主体组成后，出现单个微观主体所不具有的系统整体性质，这是微观主体间非线性相互作用产生的结果，只有低层次构成高层次时系统才表现出来。⑤自组织作用。系统在不断与外部环境进行交互的过程中，动态地保持其完整性和功能，通过改变结构调整自身来适应环境变化；在系统宏观整体特性要求下，主要通过自我管理实现每一个微观主体与环境条件间的最优适应。

2.1.1.3 复杂系统分析方法

复杂系统分析方法与传统方法有所不同。当一个系统非常简单时，可以通过分解系统，对其组成部分单独分析、对结果进行重组，从而获得系统的整体特点。即使系统存在大量的元素，只要系统各组成部分的关系是线性，同样的方法（即还原论）理论上就可以被采用。然而，当一个系统是复杂的，或具有时间框架，系统经历突然、关键的转变，还原论则无法给出有意义的结果（Baggio 和 Del Chiappa，2013）。复杂系统是由多个相互作用的元素构成，可以通过自组织产生和发展，它们既不是完全有规则的，也不是完全随机的，在宏观尺度上允许出现突变行为（Sayama，2015），不能用遵循线性简化的方法或以牛顿观点把复杂系统分解成各个构成元素部分进行理解和分析。根据 Amaral 和 Ottino（2004），目前复杂系统的研究方法主要源于三大领域：统计物理学、非线性动力学和网络科学。

（1）统计物理学

统计物理学主要采用统计学的方法处理涉及具有大量元素系统的物理问题。它提供了一个将个体"粒子"微观特性与整体"系统"的宏观性质联系起来的严密框架，为复杂系统所有研究方法建立了一个强有力的理论框架。统计物理学通常将一种现象用适当的算法，通过计算机程序实现数值模拟，主要借助于非线性时间序列分析、元胞自动机等工具，基于个体和代理模型（ABMs）等离散模型对数据进行分析、模型开发和评估，以及系统模拟（Baggio，2011；Johnson 和 Sieber，2010）。

（2）非线性动力学

复杂系统的主要特征是各构成要素间相互作用的非线性。Poincare（1883）对一个不可能完全进行解析性描述，包含三个以上物体引力系统的研究，被认为是非线性动力学研究的起点。到目前为止，那些不能以解析方法求解的非线性系统微分方程，可以通过许多数学技术进行近似描述。现代强大的计算机可用性，使运用数值模型和模拟来应用这些技术成为可能。因此，混沌和复杂的系统可以用其构成部分的集体行为进行描述。

（3）网络科学

一个复杂系统可以被描述为一个相互作用的元素网络，了解复杂系统中各元素之间的相互关系和相互作用的结构和演化，是理解其结构和演化行为的关键步骤。由大量相互连接要素构成的动态系统，其系统整体性质受连接网络拓扑结构的强烈影响。一个网络由节点或顶点组成，它们可以用来表示系统元素、链接或边，通常对应于构成要素之间的相互作用或关系。在这种情况下，网络既可以表现为复杂系统结构，也可以表示为复杂系统演化过程或功能（即解释节点为状态和链路提供转换）。因此，网络分析可以应用于复杂系统实体的结构和功能研究。通常可以通过研究网络结构（拓扑）的变化来理解系统结构和功能之间的关系，并以此分析如何影响系统状态变化（Baggio 等，2010；Baggio 等，2013；Costa 等，2011；Dominici 和 Levanti，2011；Newman，2010）。

2.1.2　复杂网络

1998 年 Wattsk 和 Strogatz 在 *Nature* 上发表了一篇名为《小世界网络的集体动力学》的论文，把处于完全规则与完全随机之间的网络称为"小世界网络"，并运用其模型来描述庞大网络中大多数节点之间具有较短路径的性质。1999 年 Barabási 和 Albert 在 *Science* 上发表了关于无尺度（Scale-fee）网络的论文，认为现实世界许多复杂网络的连接度分布具有某种幂指数形式，但幂分布没有明显的特征长度，由此称作"无尺度网络"。关于复杂网络，目前学术界没有统一的定义，有关学者认为"随机网络是由节点按照纯粹随机方式连接而得到的网络；复杂网络则是根据某种自组织的方式连接、演化而成的各种网络"。复杂网络不同于随机网络，它的度分布符合幂律分布规律，不同于常规的规则网络，网络中的特性具有难以标度性。

近年来，许多学者运用复杂网络理论分析非线性时间序列。该方法首先运用时间序列复杂网络构造算法将时间序列从时间域映射到复杂网络域，其次采用复杂网络多尺度拓扑结构指标对非线性时间序列进行研究，从中提取反映非线性时间序列的复杂网络统计特征，从而进一步深入研究复杂系统的结构和动力学机制。目前，复杂网络的研究涉及统计物理学、图论、计算机科学、生物科学、生态学、社会学等不同领域，但关于旅游地复杂网络的研究相对较少。

2.1.2.1　复杂网络特征

复杂网络是通过网络中节点与节点之间的边所构建而成的。复杂网络的节点越多，网络的复杂特征则越强。复杂网络的复杂特征表现在以下几个方面：

（1）结构复杂性

结构复杂性包括静态复杂性和动态结构复杂性两种。在复杂网络中，所研究的对象可能随时发生变化。比如在旅游地系统中，旅游地会不断产生新的旅游吸引物，旅游地系统的复杂网络结构则会根据系统内旅游吸引物的增减及其他变化而随时发生变化，形成动态结构的复杂性。

（2）节点复杂性和多样性

节点复杂性和多样性包括旅游地复杂系统网络节点自身所固有的复杂性和各节点间关联引发的复杂性。节点多样性使节点产生固有的复杂性，而由各节点间的连接关系而产生的复杂性，会随着节点间连接关系的变化而改变或消失。

（3）网络动态时空演化的复杂性

由于外部环境及其他网络的影响，网络节点的边连接权重及方向将产生变化，复杂网络系统在时空尺度上呈现出动态性的演化特征，表现出分岔、混沌等非线性远离平衡态下复杂性的动力学过程。

（4）网络多层次结构的复杂性

复杂网络节点具有多层次结构，由宏观、中观到微观，从社会、经济到技术等不同领域，节点的多层次结构造就了网络多层次结构的复杂性。

2.1.2.2　复杂网络的结构测度指标

复杂网络的节点和节点之间边的连接反映了原时间序列的动力学信息特征，这些特征通过复杂网络的结构统计指标反映出来。本书主要借助复杂网络的统计特性来研究旅游地复杂系统的非线性时间序列。以下选取本书所涉及的复杂网络的几个统计结构指标进行描述，分别为度、节点度分布和度指数，平均路径长度，聚类系数，群结构测度。

（1）度、节点度分布和度指数

度（Degree）节点是描述网络节点特性的重要概念。节点度表示网络中一个节点的邻边数，即该节点有几条边与其余边节点相连。度在不同网络中的含义不同，度通常表征节点在网络中的重要性和影响力。度值越大的节点，其在网络中的影响力也越大。在有向网络中，度还分为出度（Out-degree）和入度（In-degree），分别指从该点指向其他节点的边的个数和其他节点指向该节点的边的个数。假设网络节点总数目为 N，节点 i 的度可以表示为式（2.1），其定义为：

$$k_i = \sum_{j=1}^{N} a_{ij} \qquad i \in [1 \quad N] \qquad (2.1)$$

其中，a_{ij} 是网络邻接矩阵 A 中的元素，用来表示两点之间的边存在与否，$a_{ij} = 1$ 表示点 i 和点 j 之间存在边，反之则表示不存在。

节点度分布（Degree Distribution）是网络中相同度的节点数占网络总节点数的概率分布函数，即在网络中随机任取一个节点，它的度数为 k 的概率，一般用概率分布函数 $P(k)$ 表示。实际运用这一测量度指标来考察网络结构时，通常采用对节点度的累加分布的方法，节点度累加分布 $P(k)$ 的形式为式（2.2）：

$$P(k) = \sum_{k' \ge k} p(k') \qquad (2.2)$$

不同类型网络的节点度分布各不相同。规则网络的每个节点都拥有相同的连接数，其节点度分布是常数分布；随机网络节点度分布是泊松分布。现实网络中很多网络节点度分布都服从幂律分布。

一些学者近年来发现，实际网络结构的度分布指标存在三种典型节点度分布形式，即式（2.3）、式（2.4）、式（2.5）。

度分布幂律指数（Power-law）：$P(k) \sim k^{-\alpha_p}$ \qquad (2.3)

度分布指数（Exponential）：$P(k) = e^{-\lambda k}$（k 表示度，λ 为率参数）

$$(2.4)$$

幂律度分布在双对数坐标下呈直线，而指数度分布在半对数坐标（即纵轴为对数坐标）下呈直线。带指数截断的幂律形式，表现为：

$$P(k) \sim k^{-\alpha_p} e^{-\lambda k} \qquad (2.5)$$

（2）平均路径长度

平均路径长度是指网络中所有可以连接这两个节点的路径之中最短的那条路径所含有的连边的数量。节点间的距离是指连通两点 (i, j) 所要经历边的最小数目，它描述了网络中的分离程度，是平均路径长度，是网络的全局统计量，衡量的是网络的传统性能与效率。平均路径长度的计算公式为：

$$D = \max_{1 \le i \le j \le N} d_{ij} \tag{2.6}$$

一般认为，随着网络规模的增大，网络平均路径长度也会增大，但增长速度较网络规模的增长要慢，并且很多大规模复杂网络平均路径长度值都很小。此外，平均路径长度还是网络其他全局统计量（介数、效率）计算的基础。

（3）聚类系数

聚类系数是反映复杂网络的小集团结构程度，或反映复杂网络中各个小网络之间的相互联系程度，指网络中一个点的邻接点之间相互连接的程度，即与该节点直接相邻的节点间实际存在的边数占最大可能存在的边数的比例，是网络中长度为 3 的环（即三角形）的结构特征，通俗的说法就是你的朋友的朋友也可能是你的朋友。Barrat 和 Weigt（2000）提出的聚类系数公式为：

$$C^{(1)} = \frac{3\,N_\Delta}{N_3} \tag{2.7}$$

其中，N_Δ 是指网络中三角形的个数，N_3 是指网络中连通三点组的个数。这里连通三点组是指一个由三个节点构成的集合，由于此三个节点中的任意两个节点间都存在路径，使两个节点被直接或间接地相连接。

（4）群结构测度

分层结构网络中不同规模节点组形成各自相似的嵌套，这些节点组内部密集而与外部松散关联，这种节点组即为复杂网络中被关注的"群"（Community）。复杂系统表示为复杂网络的一个最相关的特征是社团结构或聚类，即簇中顶点的组织，许多边连接同一簇的顶点，而相对较少的边连接不同簇的顶点。这样的簇，或者说群体，可以被认为是一个复杂网络图中相当独立的部分。复杂网络中对群结构的研究是在自顶向下的网络小团体上衍生的。

目前复杂网络群结构研究主要是网络中"模块化"的识别算法。模块化是网络的属性，是在图论中检测社区的主要方法，也是迄今为止使用最多、最著名的质量函数。运用模块化检测社区，网络中每个顶点将分配给一个模块，属于社区的顶点，在网络图的不同模块部分之间起着重要的中介作用。这些顶点通常位于模块间的边界，引导着不同社区之间的关系和交流（Csermely，2008）。在时间序列网络图中，边界顶点作为决定周期结束的观测值（"转折点"），对周期内的大多数观测值都是可见的（社区内连边较多），具有较高的可见性，表现为较高观测值，形成社区内高度的紧凑性，发挥社区中心枢纽作用，起到社区间连接器枢纽作用。目前最流行的模块化算法是 Girvan 和 Newman（2002）提出的GN 算法。其基本思想是：网络中边的介数是所有通过此边的最短路径的条数，而连接内部关联紧密的群之间的边具有更大的介数，将这些边切断可以分隔出不同的群。该算法经历了"确定并删除父网络中具有最高介数的边，使父网络分离为两个后代网络，再将两个后代网络视为新的父网络"的过程，直到"后代网络仅包含一个节点"为止。

2.1.2.3　复杂网络模型的特征与类型

经多年研究，人们发现复杂网络常常具有一些典型的特征。这些特征中的某些是可以单独存在，且在一些领域多种特征也是可以组合存在的。人们依据复杂网络的特征将网络进行类型划分，例如，网络常常具有无标度属性，人们就将具有无标度属性的复杂网络称为无标度网络；网络也常常具有小世界效应，人们就将具有小世界效应的网络称为小世界网络。但是，存在一些网络既具有小世界效应，又具有无标度属性，因此按照这样的特征对网络进行分类不是一种严格意义上的分类。人们已经发现了很多复杂网络的特征，主要有随机、小世界、无标度等。下面将分别简单介绍复杂网络常见的模型与特征。

（1）规则网络模型

传统物理学和许多其他科学很早就发现现实世界的实际系统是由大

量基本单元组成的，并且希望从这些基本单元的性质中得到系统的动力学规律。常用的方法是，将每个单元都置于坐标系中规则的格点上，即为一个规则的网络。

规则网络要求把系统中的各个节点按照事先预想的连接规则连接起来，规则网络的节点一般都不是无限的，而且这些节点在连边的过程中都遵守周期性边界条件。常见的规则类型网络包括全局耦合网络模型、最近邻耦合网络模型和星形耦合网络模型。

（2）随机网络模型

将规则网络进行随机稀疏，会形成一个新的网络，称为随机网络。这种网络最初是由 Erdos 和 Renyi 提出的，因此也称为 ER 随机网络。ER 随机网络模型可以简单地表述为：①给定网络的总节点数 N。②在每一个时间步内，任意选择两个节点，以概率 $p = 2n/[N(N-1)]$ 把它们连边，其中 n 是给定的随机连边的总边数 $[n < N(N-1)/2]$，网络中最大的可能连边数是 $N(N-1)/2$。③当重新连边的数目达到 n 时，停止演化。用此种方法连接成的网络会有很多个，而且每个网络出现的概率相同，平均边数为 $pN(N-1)/2$。在 ER 随机网络模型里，节点的度分布是遵循泊松分布（见式2.8）的，意味着比平均链接度高很多和少很多的节点都很罕见，ER 随机网络模型里所生成的随机网络还具有节点之间的聚集程度极低的现象，以及各个节点之间具有比较大的特征路径长度。

$$p(k) = \binom{N}{k} p^k (1-p)^{N-k} \approx \frac{(k)^k e^{-(k)}}{k!} \qquad (2.8)$$

（3）小世界网络模型

规则网络是规则有序的象征，而随机网络是混乱无序的代表，但在现实的自然现象和社会生活中的网络大多位于规则有序和混乱无序之间。Watts 和 Strogatz 研究了网络的特征路径长度，研究结果显示：很多实际网络的平均最短路径长度较小，而聚集系数相对较大，即具有小世界特征。WS 小世界网络模型是介于随机网络和规则网络之间的一种比较贴近实际的网络模型。

WS 小世界网络模型的构造规则如下：

第一步，在给定的 N 个节点中，把每一个节点都和它邻近的 $K/2$ 个节点连接起来，在连接的过程中采用周期性边界条件。

第二步，对第一步中已经建立起来的规则网络中的每一条边，以一定的概率 p 把它打断，然后选择这两个节点中的任何一个节点和以前没有与这个节点连接的节点重新连边，但刚刚打断的另一个节点在这里不能再和这个节点重新相连，连接中要遵守不能自身连接和两个节点之间不能重复连接的原则。

从小世界构造过程可以看出：当 $p=0$ 时，每个节点都有几个近邻点完全没有随机连接的边出现，这样其实就是一个规则网络；而当 $0<p<1$ 时，此时构造的网络既不是一个随机网络，也不是一个规则网络，而是位于这两种网络之间的一种网络，即小世界网络；当 $p=1$ 时，所有的边都会重新连接，此时构造的网络其实就是一个随机网络，如图 2-1 所示。

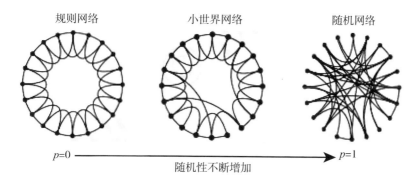

图 2-1　规则网络、小世界网络和随机网络

为了使人们更好地了解小世界网络模型，Watts 定义了小世界网络的三个特性。第一特性是连接各个节点之间最短的路径长度，即整个网络中所有节点对路径长度的平均值。第二个特性是集聚程度。它代表两个节点之间通过各自的相邻节点连接在一起的可能性，它们之间也可能直接连接，即网络的集聚度。Watts 认为，根据以上的两个参数，高度结构

化的网络有长路径和大的聚合度，而随机网络则有短路径长度和很小的集聚度；一个小世界网络展示了与随机网络相近的路径长度，但却拥有高聚合度。第三个特性就是对数路径。任何规模的网络都会随着网络图形变得越来越巨大，而网络却保持相对短的路径长度。

（4）无标度网络模型

随着互联网越来越多地在人们生活中应用，并且通过信息手段改进研究方法以后，人们可以方便地获得这个大规模网络的数据，因此人们也有机会在这样的实际网络中验证随机网络的理论。

按照小世界理论，大规模网络也具有较小的直径。另外，由随机网络理论可以推出，假如节点是随机连接，节点的度分布将呈泊松分布形态。但实际通过研究发现，现实世界中的链接和随机图论预测的结果显然不同，可以看到，每个节点的出入度分布极度不均衡，且通过不断地继续研究，得出其实际上更符合幂律分布的形式的结论。

1999 年巴拉巴西（Barabási）和阿尔伯特（Albert）在 *Science* 上发表了一篇名为《万维网的直径》的论文，通过研究万维网的拓扑结构发现其节点度分布服从幂律分布，网络中具有某个特定度的节点数目与这个特定的度之间的关系可以用一个幂函数近似地表示，由此提出了无标度网络经典模型（BA 模型）。无标度网络是网络通过复杂的演化而生成的网络，是以既定网络偏好为依据，根据这种规则进行相互链接并生长。这种所谓的偏好规则，即俗称的马太效应。BA 模型包括两个要素：增长性和择优性。增长性是指网络在每一个时间步内都会有新的节点生成，而且网络中的总连边数也在不断增加；择优性是指新加入的边连接到旧点的概率应该单调地依赖节点已经有的度的大小，即所谓的"富者更富"。在这两个要素的基础上无标度网络模型的表述为：

其一，时刻给定初始的 m_0 个节点，以后在每个时间步增加一个新节点，并且与网络中已有的 m（$m \leqslant m_0$）个旧节点连接。

其二，新节点连接到旧节点 i 的概率正比于它的度，即连接概率为

$p(k_i) = k_i / \sum_{i}^{N-1} k_i$。其中 k_i 表示旧节点 i 的度，表示网络总节点数。

以此方式不断演化，直至网络演化到足够大。BA 无标度网络的度分布是幂指数为 3 的幂律分布。当网络的节点数目非常大时，BA 无标度网络模型与随机网络模型都不具有明显的聚类特性。幂律型度分布意味着节点的度存在很大的差别，这种网络被称为连接度不均匀网络；而随机网络等具有泊松型度分布的网络被称为均匀网络。

2.1.3 非线性动力系统

现实世界中，很多比较复杂的现象不能通过简单的线性系统来描述。在这种情况下，一般会考虑采用比较复杂的非线性方程对其进行刻画。对于大多数的非线性系统，并不能用解决线性方程的方法去处理，因为其相比于线性方程具有很多额外复杂的特点，所以需要其他更具有针对性的方法来研究非线性方程的求解问题。

在非线性动力学中，对于线性连续动力系统满足 $\dot{x} = 0$ 的点称为不动点，离散动力系统中满足 $x_{n+1} = f(x_n) = x_n$ 的点是不动点。在不动点处，系统状态变量不随时间推移而发生变化。当系统状态变量经过一段时间后再次发生重复现象，就表现为非线性动力系统中的周期行为。连续系统中满足 $x_{n+T} = x_n$ 的所有点构成的轨道即为周期轨道，周期为 t，表明经过 t 时间后相空间中的点又会回到出发点；对于离散动力系统，满足 $x_{n+T} = x_n$ 的点称为该系统的 T 周期点，表明经过 T 次迭代，点又回到原来的位置。

现实生活中很多问题的数学模型和动力学行为都可以用非线性系统来描述。非线性系统产生各种复杂性动力学行为，比如振荡、混沌、分岔等，都是由于非线性过程的作用。研究这些非线性系统的复杂性仍然具有十分重要的意义和价值。混沌作为非常常见的动力学模式具有非常重要的特性。混沌是指运动轨迹毫无规律，不可预测。在一个确定性系统中，却存在着毫无规律、看似随机的运动，且运动状态不会重复，也不可预测，这种运动状态就是混沌现象。混沌现象在非线性系统中非常普遍，最典型的混沌系统就是 Lorenz 系统。

在现实世界系统中，系统的涨落和外界的干扰总是不可避免的。对于混沌系统来说，这种涨落和干扰将产生极大的不确定性和随机性。这种不确定性和随机性就导致了混沌系统在有限的相空间中发生折叠，否则混沌系统的运动轨迹就表现为闭合曲线（即周期轨道）或者延伸到无穷远处（发散解）。对于连续时间动力系统，混沌现象将会出现在三维及以上的自治系统中。初始条件极度敏感是混沌系统最鲜明的特征。一般而言，外界的涨落会造成系统初始状态的微小差异，这种差异会导致系统的运动状态产生相应的微小变化，使两条初始状态接近的轨道在系统的整个运动过程中始终是保持邻近的；而在混沌系统中，初始条件存在非常细微的差距，随着时间的演化，差距会呈指数形式变大，将造成两条轨道快速分离。

在非线性动力学中，可以用李雅普诺夫（Lyaponuv）指数作为描述混沌现象的一个重要指标。李雅普诺夫指数主要是用来描述相空间中相邻轨迹随时间演化的平均指数发散率的一个特征数值。目前对于非线性系统复杂性研究主要以理论分析和数值模拟为主，且在数值模拟中发现了大量的分岔或混沌等非线性现象，但是对于非线性系统产生这些复杂动力学现象原因的合理解释涉及较少。

2.1.4　时间序列

时间序列是指一组和时间有关的序列。时间序列在现实世界中随处可见，且时时刻刻都在产生，比如某旅游地每年的接待旅游人数、旅游收入等分析研究时间序列背后所隐含的规律，可以进一步了解产生这些数据的系统，对该系统短期内的发展趋势进行预测。

根据时间序列的发展趋势将其分为线性时间序列和非线性时间序列。

对于线性时间序列，其发展趋势是线性变化的，比如一个人从出生到死亡年龄的变化等。一般使用简单线性函数可以描述出线性时间序列的特征，利用该线性函数对时间序列的短期甚至长期发展进行预测。对于非线性时间序列，由于其随着时间的演化，时间序列会发生曲线型变化，比如抛物线型、指数型、对数型或者它们的组合等，甚至有些时间序列看起来杂乱无章，毫无规律。因此，用简单的线性函数是不足以描述出非线性时间序列的特征，可能需要更复杂的非线性函数来对其进行描述。对非线性时间序列进行分析时，不仅要选择合适的方法进行分析，也要考虑产生该时间序列的具体背景。在不同的学科领域中，不同的系统产生的时间序列都会具有不同的特定意义或者具有该系统的相应特性。在非线性动力学中，系统产生的时间序列可以体现出该系统的动力学模式。比如混沌系统，由于其对初始条件具有较强的敏感依赖，导致极小的干扰都会呈指数形式放大。在对混沌系统产生的时间序列进行分析时，应考虑到该系统这个特性。在对非线性时间序列进行分析时，时间序列的产生背景对于选择合适的拟合方法同样具有较强的参考意义。

2.2 旅游地复杂系统的相关理论基础

2.2.1 耗散结构理论

耗散结构理论是由著名化学物理学家普利高津（Prigogine）通过对贝纳德花纹远离平衡态的物理现象的研究，经过十几年的努力，于1969年在一次"理论物理与生物学"的国际会议上，对于非平衡态的统计物理学发展提出的，被誉为"70年代最辉煌的成就之一"。他的这一重大贡献荣获了1977年度的诺贝尔化学奖。

普利高津经过研究发现，一个开放系统（无论是物理、化学的，还是生物系统的）达到远离平衡态的非线性区域时，若系统某个参量变化达到一定的阈值范围，系统原来的微涨落扩大为巨涨落，系统则可能发生突变，即发生远离平衡态下的相变，系统将从原来无序混乱状态演变到一定时空或功能状态下的一种新的有序状态。系统只有持续地与外部环境进行物质、能量和信息交流才可能维持这种有序状态，并具有一定的刚性。这种有序状态不会因外界的细微的干扰而改变。普利高津将这种在非线性区处于远离平衡态下形成的新的稳定有序结构，称作"耗散结构"。耗散结构系统能够自行产生组织性和相干性，即具有自组织特征，因此也被称为非平衡系统的自组织理论。耗散结构只有远离平衡态的开放系统下才能产生，它形成的必要条件如下：

（1）系统处于开放的环境

即系统只有在开放条件下，与外界保持物质、能量和信息交换，才能驱使系统远离平衡态。

（2）非平衡是有序之源

系统处于平衡态和近似平衡态都不能产生新的耗散结构，导致系统的有序性；系统只有远离平衡态，才能产生新的耗散结构，从无序到有序、从简单到复杂的有序进化过程。

（3）涨落导致有序性

涨落是指系统中某个变量的行为对平均值发生偏离，它能使系统离开原来的状态和轨道，是系统产生有序结构的内部诱因，是耗散结构产生的必要条件。在系统临界状态下，微涨落有可能被反馈放大为巨涨落，从而导致系统从不稳定状态"跃迁"到一个新的有序状态。

（4）非线性作用

系统内部各构成要素之间必须存在非线性的相互作用，耗散结构才可能出现。只有通过非线性相互作用，才能使系统各构成要素之间产生协同和相干效应，使系统从无序状态转变为有序状态。

耗散结构理论揭示了在非平衡态下，一个开放系统通过系统内部要素的非线性作用，自发地从无序走向有序，再从有序到新的有序的过程，这个过程也是系统自组织演化过程。耗散结构理论为自然科学和社会科学提供了新的科学概念和科学方法，被广泛地运用到生物学、生态学、医学、地学、农业、气象乃至社会、经济、文化等领域，并取得了一定的成果。

2.2.2　混沌理论

2.2.2.1　混沌

混沌现象最初由麻省理工气象学家洛伦兹（Edward Lorenz）于1963年进行大气系统研究时发现。洛伦兹发现，初始值的细微差别，会使气象数据模拟结果出现巨大的偏差，即所谓的蝴蝶效应，一种典型的混沌现象，从而揭示混沌现象的重要本质——对系统初始值的高度敏感性。1971 年李·约克（Yorke）正式提出了"混沌"（Chaos）一词，从此混沌理论得到了不断发展，对整个复杂性科学体系的完善做出了重要贡献。

许多学者从不同角度给予混沌不同的定义：洛伦兹描述"混沌是确定性非周期流"；哈肯指出"混沌性来源于决定性方程的无规运动"；费根鲍姆提出："混沌是确定系统的内在随机运动"；赫柏林表明："混沌是没有周期性的有序"；钱学森则认为："混沌是宏观无序、微观有序的现象"；等等。而在《易乾凿度》中则有"气似质具而未相离，谓之混沌"的说法。综合文献所述，混沌理论所指"混沌"不等同于无序和混乱，而是确定系统的内随机性，即一种外在貌似无规则的、复杂的却又有一定规律性的运动，表现为一种无周期性的秩序。

混沌理论是一门综合性很强的复杂系统理论，它对现代系统科学在系统思想、系统原理和系统方法等方面产生了不同程度的影响。特别在系统演化思想方面，对于系统演化的有序与无序、简单与复杂、确定性与随机性等方面揭示了许多深刻的思想，极大地丰富和发展了现代系统科学。一般系统论、耗散结构理论、协同学、突变论、超循环理论等自组织理论，它们所描述的是系统从无序到有序、从一种有序到另一种有序的演化过程，会使人们片面地认为世界一切系统不论条件如何，都是沿着一条单行道演化，把"有序"理解为有组织、有秩序的进化过程，而把"无序"视为无组织、混乱和退化的代名词。混沌理论的研究从根本上改变了这种状态，它首先让人们认识到，现实世界还存在着通常理解的"有序"向通常理解的"无序"的另一种演化方向，即混沌来自有序，又可以产生新的有序；有序来自混沌，又可以产生新的混沌。"有序"不是绝对的有序，其中包含"无序"的种子，包含着产生混沌的条件和根据；"混沌"也不是绝对的无序，更不是单纯的杂乱，它包含着复杂的有序基因。因此，可以说有序并不存在于无序化过程之外，而"有序化"的过程是对无序化过程的组织和控制。混沌作为复杂性科学重要概念，是导致复杂性的重要因素，在混沌中既存在着有序，也伴随着无序。混沌是有序中蕴含的无序，确定性中包含的不确定性，混沌既存在于从低层次结构向高层次结构的过渡中，也表现在从高层结构向低层结构的解体过程中，还表现在较简单系统向更复杂系统的合并、交叉过渡中。

混沌性是复杂系统的基本特性。许多复杂系统属于巨量元素组成的子系统，由于这些子系统组织元素内部的差异性、不确定性影响，使系统的运行常常出现难以预料的结果。复杂系统的混沌特性表现在：①非线性导致了系统的复杂性。混沌产生的基本前提是系统的非线性反馈。动力系统在系统临界阈值下，不断产生分岔，进入混沌状态，产生突变，生成新平衡态，这些都离不开系统的非线性作用。②确定性系统产生的非线性混沌，表现为确定性动力学方程。③混沌系统的内在随机性导致系统的不确定性，即确定性系统在确定性条件下产生的类似随机性的运动。这并不是由外界的干扰产生的，而是混沌动力系统本身所固有的。④混沌具有不可逆性。这是由于混沌运动所在系统呈现出复杂现象，而复杂现象的形成过程是不可逆的。⑤混沌与随机运动的重要区别在于具有无限层次上的自相似结构的规律性。

2.2.2.2　混沌边缘

混沌边缘是由美国圣菲研究所 Langton 研究元胞自动机分类问题时首先提出的。混沌边缘最初是指变量 λ 的区间，在该区间内观察元胞自动机（CA）行为发生变化。随着 λ 变化，元胞自动机行为发生了相变。在 Langton 的开创性研究中，为了方便对元胞自动机进行分类，他创建了"Langton 参数"。朗顿认为，当一个元胞自动机系统的 λ 值约处于 $0.3 \sim 0.5$ 时，它的行为就会变得同沃尔夫勒姆的"复杂型"元胞自动机一样，变得极为复杂。此时，一个自组织系统为了存在和延续，面对不确定环境参数，不得不主动学会一套"生存之法"，在极为有序和极为混沌状态之间寻找一条微妙的路径，系统则处于最具有创造性状态，即混沌边缘。在混沌边缘状态下，元胞自动机的计算能力、信息存储和处理能力将会在高度的周期与混沌行为之间的某个区域内达到最优。一个系统信息处理能力会在高度的周期和混沌行为之间的狭小区域内达到峰值，系统内的生命有足够稳定性来支撑自己存在，且有足够创造性使自己名副其实为生命的状态，同时复杂性还能够自发地调整。朗顿认为，不但许多复杂系统运行于混沌边缘，生命也同样起源于混沌边缘，在混沌边缘的相变阶段存在着复杂现象，混沌边缘上的复杂动力似乎是这种系统进化行为的理想解释；系统存在与发展的目标就是不断将自己推向混沌边缘。

与传统研究中将系统的随机性归结为外部因素所致相比，混沌边缘这一概念的提出，突出强调了系统状态动态变化过程中，其内部要素自组织、自适应、动态演化及涌现的作用。涌现现象往往与系统的异象和无序相关，将系统的复杂性逐渐放大，并且具有不可控性。而自组织的发生，则为量化系统行为提供了一个新的视角。系统内部各要素的自组织作用会增加系统的有序度，使系统在演化的同时形成一定的时空结构，此时，系统既不是完全有序也不是完全无序，而是将有序度维持在一个僵化与混沌的临界点，这个临界点就是系统的理想状态。即系统理想演化状态既不是通过严格有序的规律使系统内的众多要素收敛于均衡或最优，也不是让其毫无约束地走向完全随机，而是落在这两种极端状态之间的某个区域。在这个区域里，系统既有产生新策略的扩张力，又具备维持自身稳定、防止解体的约束力。

混沌边缘的基本特征是混沌边缘的自组织效应。复杂系统一旦进入混沌的边缘，有序性占了主导，复杂性组织就可能形成一定的宏观秩序。虽然微观变动不断冲击着宏观有序，对有序形成扰动和冲击，但整体结构还是有序性占主导，组织处于内部各要素持续变动又还没有动荡至解体的边缘，是复杂性组织快速进化和组合的区域。就像高等生命具有选择自己生存环境能力那样，复杂性组织具有倾向有序的能力，复杂性组织进入混沌边缘的过程，就是该组织形成更高层次有序的过程。虽然复杂系统与其他系统处于交叉状态，但这种复杂性组织能够持续运行于混沌边缘，说明该组织正在向一个较高层次的复杂系统进化，这个过程就是复杂性组织的涌现。复杂性组织趋于有序的能力，可以进一步推动其进化至层次提升的轨道。但由于复杂性组织受其很多要素和结构的控制，所以相比于简单系统只能达到和保持适度的有序度。宏观层面能达到高有序的系统一般都是较简单的系统，而由多层次组合、多角度关联、动态要素变化形成的复杂系统，难以达到宏观层面很高的有序，但可以形成多层次的有序。由人组成的社会复杂系统由于追求高有序，可能使复杂性组织过度简化其结构，减除其变化和动态的要素，可能使复杂系统失去生机，导致组织凝滞或退化为简单系统。混沌边缘是复杂系统能够保持在有序与无序之间稳定与平衡的区域，也就是系统在稳定性和流动性之间能够保持动态平衡。这种复杂的、类似生命的行为，运行于混沌边缘是其共同特性。这不但是复杂系统的重要特征，也是其他特征依存的重要条件。混沌性是复杂系统的共同特性，混沌边缘是复杂系统共同的运行区域，混沌边缘的提出，是对混沌理论的深化和具体化。

在混沌边缘，复杂系统形成了一种强自组织机制，集中表现为：系统内部运动最具活力，外部可以获得最丰富的资源；系统可以保持最大的复杂性，奇怪吸引子也产生在这个区间。而许多发育成熟的复杂系统可能孕育于其他区域，在适当机会恰遇混沌边缘而得到成长。复杂系统强自组织的外部条件，就是混沌的边缘。复杂系统运行于混沌边缘，可以保持物质、能量及信息的动态平衡，既不会因对外部物质、能量、信息的过分敏感而变化，使系统被环境冲击失去其有序性，也不会显得过于机械而缺乏灵活性和适应性。这种动力机制推动着复杂系统的新陈代谢，它既能从混沌中得到应有的物质、能量和信息，也可以吸收从高有序中释放出的物质、能量和信息，使复杂系统生生不息。

对系统处于混沌边缘的判定，具有一定的实践价值。拿旅游目的地来说，物质、能量与信息的供应不可能完全按照人的计划做到很协调，而必须通过一个动态平衡过程来实现。旅游目的地可持续发展是旅游供给与需求之间在混沌边缘的对接，也是一种适度的自由和管理之间的动态平衡。对旅游地复杂系统混沌边缘的定位，并不是对旅游地复杂系统各要素有序度的准确定位，而是在实践过程中做到总体的平衡和原则性的把握，这对于我们防止在旅游地管理实践和政策调控中走入误区具有重要的现实意义。

2.2.3 复杂适应系统理论

复杂适应系统（简称 CAS）理论是由美国的霍兰（John Holland）教授于 1994 年在美国圣塔菲研究院的一次演讲中正式提出的。该理论主要着眼于系统内在要素的相互作用研究，该理论认为，系统内部本质上是系统演化的动力来源，宏观的复杂性现象是由微观主体相互作用而生成。CAS 理论主要从微观和宏观两个方面进行研究：在微观上，具有适应性、主观能动性的个体即主体，是 CAS 理论的最基本概念，主体在与环境交互作用中遵循一般刺激——反应模型。主体具有适应能力，能够根据其自身行为的效果修改行为规则，从而更好地在客观环境中生存发展。在宏观上，系统主体之间及主体与环境的相互作用表现为系统宏观中的分化、涌现等复杂的演化过程。CAS 理论为人们认识、理解、管理、控制复杂系统提供了新思路，具有四个方面的主要特征：

（1）以适应性主体为根本

适应性主体具有感知和适应环境的能力，能够与外界及系统其他主体产生非线性交互作用，其行为具有主动性、目的性和创新性；能够依据外界的变化自动调整自身状态，或者在与系统其他主体的竞合过程中，争取最有利的生存条件和延续自身的利益，从而提高环境适应力。但若产生错误预期和判断也将使它趋亡，正是主体具有的这种适应性造就了纷繁复杂的系统复杂性。

（2）共同演化

适应性主体从正反馈不断强化自身的存在和发展，从而在延续中不断变化，转换其多样性的统一形式，转换的具体过程就是主体的演化。但适应性主体不只是单一的演化，而是会产生更多的能够相互适应且适应生存环境的适应性主体，从而实现共同演化。共同演化作为任何复杂适应系统产生自组织和突变的强大力量，可以使系统导向混沌的边缘。

（3）趋向混沌的边缘

复杂适应系统能将秩序和混沌趋于平衡状态，这个平衡状态就是混沌的边缘，此时系统中的各种要素均处于不断变化状态，但也不会动荡到解体的地步。一方面，每个适应性主体为了自身的存在和延续，会加强与对手的相互配合程度，依据其他主体进行一些自身的调整，从而使整个系统在共同演化中走向混沌的边缘；另一方面，混沌的边缘并不是完全有序与完全无序系统的简单区界，而是系统进入自我发展的特征区界，在这里系统会产生涌现机制，从而走向新的演化阶段。

（4）产生涌现现象

涌现的本质就是由小到大、由简入繁。复杂系统的整体行为要比各个部分的行为复杂得多，系统的复杂性不仅来源于系统随机模式本身，而且与从局部到整体的过渡密切相关。适应性主体在某种或多种互相联系的简单规则支配下的相互作用，使复杂系统涌现出系统的整体行为，而主体间相互作用作为适应规则的表现，具有非线性作用，使涌现的系统整体行为比系统各个部分行为总和更为复杂。复杂系统总是处于动态变化中，虽然变化的规律不会改变，但是受变化规律影响的事物却会改变。因此，在系统涌现生成过程中，大量具有动态性和层次性的不同结构和模式不断生成，即涌现能够在系统生成的既有结构基础上再生成具有更多组织层次的结构和模式。涌现可以由相对简单的层次生成更高的层次，是复杂适应系统在层级结构上的一种体现整体宏观的动态现象。

复杂适应系统理论一方面强调主体的主动性和主体间的交互作用，将主体适应性看作是系统整体演化的基础条件，实现了实际研究中微观与宏观不同层面研究问题的有机联系与统一，弥补了传统统计方式的缺陷。另一方面，在传统系统理论中，随机因素只会引起系统部分状态参数的改变，并未使系统整体的运行规律和内部作用机制产生质的变化。

而复杂适应系统理论对于随机因素的引入，不但会引起系统状态改变，更重要的是会干扰主体行为活动和系统的内部结构，从而导致系统整体演化过程的复杂性波动。

2.2.4　系统动力学理论

系统动力学（System Dynamics，SD）作为一门交叉融合的学科，涵盖了管理科学、系统科学等学科内容，它最初是由美国的麻省理工学院（MIT）的 Jay W. Forrester 教授于 1958 年为分析生产管理及库存管理等企业问题而提出的。系统动力学是研究分析系统反馈及解决系统的问题，强调用系统、整体、联系、发展、运动的观点，将社会、经济、生态等开放系统在某种情景设定下视作封闭系统，用于决策者的思考过程和决策过程。该理论将研究对象视为一个完整系统结构，整个系统所表现出来的特点、功能及行为模式是由组成系统的基本单元通过不断反馈及相互作用而决定的。它旨在通过对系统内部结构及因果反馈关系进行探索，对研究对象进行整体、全面考察分析，是一门认识系统和解决系统问题的交叉学科。

由于不同系统在不同的环境中表现出不同的动力学特征，为了更好地反映系统结构，了解系统内在机制间的相互依赖关系，一方面，系统动力学利用定性与定量分析相结合的方法，运用因果关系图等方法反映系统内部的反馈结构，并通过改变变量参数及系统结构对事物发展变化的内因进行探索，以寻求更优的系统结构与功能。另一方面，系统动力学依据变量参数的不断变化，分析系统模型观测变化对整个系统的影响，分析影响系统诸多因素的作用机理，可通过模型仿真，提前预知变化，便于对实际系统中出现的问题提出针对性的应对措施。系统动力学认为，系统行为模式和特性主要取决于其内部的动态结构和反馈机制，是结构、功能和历史方法的统一。在利用系统动力学建模的过程中，主要涉及五种形式的变量。

（1）状态变量（Level Variable）

状态变量也称为水平变量，表示某一时刻某一变量的状态情况。它是速率变量随时间推移的累加效应，除了受到速率变量的直接影响外，还受到时间延迟等因素的影响。

（2）速率变量（Rate Variable）

速率变量是连接不同状态变量及系统内外部环境的桥梁，它表示状态变量的活动变化情况，对状态变量具有直接影响。

（3）辅助变量（Auxiliary Variable）

辅助变量是表示对与之相连变量与其本身之间关系的表达式。辅助变量的值是由与之相连变量数值及它们之间关系表达式直接决定的。

（4）常量（Constant Variable）

常量表示系统中各种常数。它只能连接别的变量，而不能被别的变量连接，通常情况下连接的是速率变量或者辅助变量。在模型初始建立时对其进行赋值。

（5）外生变量（Exogenous Variable）

外生变量表示所研究系统外部的一些影响变量。它们对系统内部一些因素产生影响，但不会受到系统内部因素影响。通常情况下，外生变量为常量，并不会发生改变。

系统动力学是一个复杂的分析系统，适用于复杂的动态问题分析，强调系统整体的观点、联系、发展和运动，可以通过对系统变量参数进行调控，从而预测系统整体的发展趋势。

第 3 章

旅游地复杂系统演化研究的理论框架

　　本章从旅游地复杂系统、旅游地复杂系统网络、旅游地复杂系统结构模式三方面阐述旅游地复杂系统的概念内涵，分析旅游地复杂系统演化的环境特点、复杂特征，提出旅游地复杂系统演化过程即为旅游地复杂系统"混沌吸引子"跃迁的过程，认为旅游地复杂系统演化实质是旅游地复杂系统适应性主体个体微观进化的结果。在旅游地复杂系统适应性主体的个体微观适应性学习驱动下，旅游地复杂系统适应性主体之间及系统内外之间的非线性交互作用推动了旅游地复杂系统演化发展，进而从整体上构建旅游地复杂系统演化的研究框架。

3.1 旅游地复杂系统的概念

3.1.1 旅游地复杂系统

3.1.1.1 旅游地系统

旅游系统是系统理论在旅游领域的运用，出于研究视角与考虑因素的不同，旅游系统可以用不同的方式、方法进行定义和使用。一是区域旅游系统，是由一定范围内的各种吸引物、服务体系、旅游活动、自然人文要素等共同构成，也是在旅游活动完成所必须的各种条件或基本要素之间相互依托、相互制约、相互协同下形成的，是具有一定层次、特征、结构和功能的旅游地域综合体（虞虎等，2016）。二是从微观视角，指不包括旅游客源地系统的旅游目的地系统，也是本书所指的旅游地系统。旅游目的地是与旅游需求相对应，由旅游服务设施、旅游吸引物、旅游市场营销、交通、信息等构成的，且受到各种外界因素影响的旅游供给系统（Gunn 和 Var，2002）。三是由政府、旅游企业、社区居民、旅游者和非政府组织等形成的多元、复杂、动态的开放系统；是由不同功能、业态及空间范围的各类旅游组织和个人，通过技术与信息传递、交通组织、资金及人才交流等紧密结合，形成相互交流、协作、竞争、分工和互补的旅游地发展要素系统（刘法建等，2016）。四是为到达旅游目的地的旅游者提供食宿、游览、娱乐、购物、享受、体验或某些特殊服务等旅游需求的多种因素的综合体（吴必虎，1998）。旅游地系统作为一个整体，是在一定范围内由直接或间接参与旅游活动的各要素相互影响、相互制约形成的一个开放的有机整体，涉及旅游地的经济、社会、资源、环境等多方面的相互关系和协调发展（张树民等，2012），是随着社会化大众旅游的出现而形成的一个社会经济系统的子系统。

3.1.1.2　旅游地是一个复杂系统

越来越多的研究者认为，旅游地是复杂的动态系统。旅游地行动者之间具有动态的复杂互动关系；外部环境的变化，旅游吸引物品质的提升及空间上的集聚，旅游服务设施的改善、提升，都将使旅游地从整体上产生系统结构多样性的改变、系统功能层次的增加，体现了旅游地系统的复杂性。

（1）旅游地行动者之间的非线性关系创造了旅游地复杂系统

旅游地作为社会经济网络，包括一系列动态互动的利益相关者，共同目的是为旅游地创造整体旅游产品，为旅游者提供"一篮子"服务（Murphy 和 Pritchard，2000）。旅游地利益相关者作为广泛参与旅游活动的行动者，包括住宿企业、旅游景点、旅游公司和其他提供商业服务的机构、政府和非政府组织，以及当地社区的代表。作为旅游地系统的行动主体，旅游地利益相关者通过不同的实体（公司、协会等）和资源相互作用以非凡的和复杂的方式满足旅游者的需求（Baggio 等，2010），共同为旅游者创造消费体验（Baggio 等，2010；Del Chiappa 和 Presenza，2013）。因此，这些利益相关者的统一和协调是旅游地管理的基本要素（Bregoli 等，2016），治理成效高度影响旅游目的地的发展（Moscardo，2011），是旅游地整体竞争力的根本和可持续发展的保障。

旅游地系统作为一个开放的动态系统，需要不断与外部进行各种物质和能量的交换，通过引入负熵以保证系统的正常运行。旅游地系统与外部环境进行物质能量交换过程中，旅游地行动者之间的连接互动受到外部环境变化的影响，具有复杂、动态的特征。行动者之间的连接主要通过它们之间不同类型的业务关系（政策、商业、所有权）或者通过个人连接（家庭、友谊、信任）建立的（Sainaghi 和 Baggio，2014）。此外，当地行动者和本地居民对旅游地规划和发展的很高参与度也增加了相关利益者之间的关系（Beritelli，2011；D'Angella 等，2010）。这些连接非常重要，它们能够增加旅游业（Campopiano 等，2016；Von Friedrichs，2006）和非旅游业活动中行动者的社会资本（Coviello，2006），但很难明确地定义旅游地内部关系及连接的强度，它们具有非线性特征（Faulkner 等，2001）。旅游地行动者之间的非线性关系创造了旅游地复杂系统（Sainaghi 和 Baggio，2017）。

（2）旅游地系统结构的复杂性

旅游地复杂系统作为一个活的有机体，总是处于不断运动、发展变化中。旅游地系统进化发展的过程即是旅游地系统结构和功能复杂性不断增长的过程。首先，随着旅游地系统环境产生新的变化，为了适应外部环境，要求旅游地行动者实施的行为多样性必须大于或等于环境干扰的多样性，包括提升旅游吸引物品质、培育新旅游吸引物，加强旅游服务设施建设，改善旅游地内外部可进入性，鼓励更多行动者参与系统内部要素的更新、替换与重组，增加旅游地系统结构的多样性。其次，随着旅游地产业集群的发展，旅游产业与各相关产业间的融合不断深化，旅游地各相关利益者作为系统行动者的竞争与合作关系越来越紧密，使旅游地系统形态与结构愈加多样性，系统就愈加复杂。

（3）旅游地系统功能的复杂性

旅游地行动者作为旅游地微观的行动主体，具有主动适应环境变化和创造有利于系统进化的新环境的能力。旅游地行动者通过开展各种学习创新活动、举办各类重大事件，培育旅游新业态，开拓旅游市场新空间，建设大型新技术交通枢纽，协调各相关利益的竞争与合作，发展多样化旅游吸引物和多样性旅游产品，引导企业和非政策组织提高环境的适应能力，不断加强旅游地系统有效对抗环境变化和创造有利环境的内在行为多样性，增加对旅游地系统的控制行为，带来旅游地系统功能的复杂性增长，使旅游地系统功能层次不断增加、环境适应度不断提升。

（4）旅游地系统的外部环境复杂性

旅游地系统的外部环境包括自然环境、社会环境和市场环境。经济全球化、交通技术发展、信息技术革命及互联网广泛运用的外部环境多样性变化，带来了旅游地各行动者之间关系的本质改变（Werthner 和 Klein，2000）、旅游地行动者主体行为的多样性、旅游者多元化需求的快速变化（Woodside 等，2011）、旅游服务设施的提升、旅游地系统空间集聚体的产生，都体现旅游地系统与外部环境系统之间的非线性互动作用，将引起外部环境与旅游地系统关系的多样性变化，使旅游地系统外部环境的复杂性不断增加。

3.1.1.3 旅游地复杂系统是一个复杂适应性系统

一个复杂系统的演化可以通过随机事件、"通过涨落而有序"、行动规划的改变、控制者系统指令信息的作用等而引起。当系统的新形式或状态对于系统的存在与发展比旧的形式有所改进而发生进化，且这种进化是由环境引起时，我们便称该系统具有适应性。旅游地复杂系统是由多个适应性主体相互作用形成的复杂适应系统。旅游地行动者包括企业、政府、非政府组织、当地居民和游客等，具备感知能力、主动性和"活性"，具有系统适应性行动主体（Adaptive Agent）的特征。

（1）应激性

旅游地行动者通过与环境的物质、能量和信息交流，感知外部环境变化，从而不断增加其行为的多样性以适应环境、作用于环境，并产生对系统的效应；当发现对环境的预测及实际变化产生差异时，能够及时感知并快速做出有效反应。

（2）主动性

旅游地行动者能够独立进行运作，控制自身的行动和系统内部状态；能够在与外部环境及其他主体的随机交互过程中，根据系统内外部关系的交互结果对系统结构和行为进行自动调整。通过旅游地行动者之间及与内部其他主体间的交互作用，产生系统自组织行为，优化现有资源，在不同的时空尺度下，旅游地复杂系统将配备与之相适应的结构（模块化和自相似）（Baggio，2011），从而动态地保持旅游地复杂系统的完整性和功能，使其更适应系统内外的变化。

（3）目的性

旅游地行动者不是简单地、消极地对环境变化做出反应，而是能通过一种有目的性的行动，在适应环境变化的同时，实现自己的目标。这种目的性及它与环境间反复的、相互的作用，体现了旅游地复杂系统行动主体的适应性和能动性。

（4）积极的"活性"

旅游地行动者在与外界环境及系统内部其他主体持续不断的交互作用过程中，通过不断地"学习"或"积累经验"，将系统产生的行为和效应作为输入和输出的数据集，并采取各种多样化的适应性及创新性行动，从而调整自身结构和行为方式以不断适应外界环境的变化。旅游地复杂系统在宏观上发生的演变或进化，包括系统内新层次的产生、分化和多样化，新集聚的、更大主体的产生等，这些都是在这个过程基础上逐步派生出来的。

旅游地行动者作为旅游地复杂系统的适应性主体，与系统内部其他主体及外部环境产生交互作用，遵循刺激—反应模型，主动调整自身状态以提高环境适应能力，促进旅游地复杂系统不断向前演化发展。作为整体系统的"机构"、旅游地复杂系统的核心，旅游地行动者个体微观的适应性、能动性行为，通过旅游地行动者之间、与内部其他主体及外部环境之间的交互作用，推动宏观系统从简单到复杂的层次性、从混沌到有序的秩序性跃升，是旅游地复杂系统演化的重要动力。因此，旅游地各级行动者要具有足够的动态适应性使旅游地系统得到增长或有足够的抗冲击性，且采取更好的行动选择，保证其行为的有效性，避免违背旅游地复杂系统的自组织趋势，使系统有序、稳定发展（Baggio 和 Sainaghi，2011）。

3.1.2　旅游地复杂系统网络

旅游地复杂系统可以描述为由一组相互连接、相互作用的节点组成的网络，其中旅游企业、政府、非政府组织、本地居民、游客等旅游地行动者（Sainaghi 和 Baggio，2014）是节点，它们之间相互作用或关系是链接（Baggio 等，2010）。节点代表"分散"的资源和服务，是旅游产品的组成部分；链接则是可能"动员"这些资源以创造旅游地的产品（Haugland 等，2011；Pearce，1989）。旅游地行动者之间的关系，无论是弱的还是强的，都代表着社会资本的来源（Nahapiet 和 Ghoshal，1998）。旅游地复杂系统网络具有增加和修改节点的能力：一方面，通过创造旅游地行动者之间新的价值链；另一方面，通过重建旅游地竞争优势、开发新产品领域，以及吸引新的旅游地行动者进入旅游地（Leiper，2000）。

旅游地复杂系统网络是以价值链为导向，以旅游者、资金、产品、技术、信息等为主体形成的各种横向与纵向、正式与非正式、稳定与短暂的"链接"。这些"联系"将旅游企业、政府、非政府组织、居民、旅游者连接，网络内包含旅游地各类旅游利益相关者，他们之间具有复杂交互的社会、经济、文化等联系，共同构成了一个复杂的网络系统（刘法建等，2016）。这里"网络"代表旅游地复杂系统的结构，也可以表示旅游复杂系统的演化过程或功能（如解释节点为某状态，链路作为转换方式）（Sainaghi 和 Baggio，2017）。通过网络拓扑结构可以有效地识别旅游地结构特征（Baggio 和 Cooper，2010；Bendle 和 Patterson，2008；Del Chiappa 和 Presenza，2013；Grama 和 Baggio，2014；Presenza 和 Cipollina，2010；Scott 等，2008），对网络拓扑特征的评估需要采用结构的观点和关系模型，以便分析系统组织之间的关系如何影响不同节点之间的相互作用和协作的方式（Del Chiappa 和 Presenza，2013）。

旅游地复杂系统网络演化，主要是由节点之间的链路变化引起的

（Glückler，2007；Gulati，1999），表现为网络中的不连续性。识别网络中的不连续性，从而判断旅游地复杂系统网络演化过程的"转折点"。"转折点"代表旅游地复杂系统行为可测变量的时间序列中的"突破"，即一个阶段结束，另一个新阶段开始，是旅游地复杂系统演化过程研究的核心问题。网络模块化分析则有效地解决了这个问题。网络中的一个模块或社区是一组节点，它们之间的联系比网络的其他部分更密集。这种效应可以用模块化系数 Q 来度量，这是一个质量指标，它是由一个社区中连接节点的分数和链接的随机分布的期望值之间的差来定义的。模块化系数可以将预定的网络划分成模块，或采用随机算法，对给定的网络找到细分最大化 Q 值（Clauset 等，2004；Girvan 和 Newman，2002）。此外，复杂网络方法还可以被用于确定旅游地中的重要成员，那些能够对旅游活动的增长和目的地管理做出最重要贡献的角色。研究发现，关键利益相关者位于网络的核心，他们在网络中的重要元素，是他们所拥有的关键资源，具有最高的网络中心性，拥有最大的合法性和权力（Presenza 和 Cipollina，2010；Timur 和 Getz，2008）。

目前社会网络分析法（SNA）是旅游地复杂系统演化研究常用的方法。SNA 能够代表"旅游总产品"，提供整体目的地观点，考虑目的地之间的关系，协调政策和相关行动，有利于当地发展（Albrecht，2013；Baggio 和 Del Chiappa，2013；Sørensen 和 Fuglsang，2014），关注行动者，建设社区能力，协调政策和相关行动，创造社会资本，支持冲突管理和资源共享等（Arnaboldi 和 Spiller，2011；Paget 等，2010；Presenza 和 Cipollina，2010）；但由于收集和分析数据比较困难，受到特定方法的限制（仅是基于一年的定量和定性分析，创建的仅是特定时间的"快照"）（Sainaghi 和 Baggio，2017），也无法定量地识别旅游地复杂系统演化过程的"转折点"。

3.1.3　旅游地复杂系统的结构模式

　　旅游地复杂系统是一个具有多主体、多要素、多层次及多目标的开放复杂系统（由不同要素综合集成的复杂系统）；是在不同空间范围内，承担不同功能作用、具有不同利益关系的旅游地行动者（政府、企业、居民以及游客等）作为旅游地复杂系统的多个适应性主体，通过相互分工、资源共享、协同合作形成以其为节点，其相互作用或关系为链接的复杂网络；是由各级旅游地行动者构成的多主体行动者子系统作为旅游地复杂系统核心系统，并以旅游地行动者个体微观的适应性、能动性行为为系统重要驱动力，通过与系统内外部的旅游吸引物子系统、旅游服务设施子系统和外部环境系统在物质、能量和信息交流过程中，产生非线性的交互作用，推动旅游地复杂系统不断进化发展。

　　旅游地复杂系统具有复杂适应系统的基本特性，基本组成结构可划分为多主体行动者子系统、旅游服务设施子系统、旅游吸引物子系统和外部环境子系统（见图3-1）。多主体行动者子系统是旅游地复杂系统的主体系统，各级旅游地行动者复杂、动态的非线性关系可以通过网络来定义和分析；该网络作为一个分析单元，具有表征各级旅游地行动者相互作用的结构属性。旅游服务设施子系统包括交通设施和服务设施，在系统中起到了基础服务的作用。旅游吸引物子系统包括自然、人文和主题公园等人造景观，是旅游地行动者开发资源、满足旅游市场需求和各级旅游地行动者利益的产物。旅游吸引物子系统、旅游服务设施子系统和多主体行动者主体系统构成了旅游地复杂系统内部环境，系统内部各子系统间具有自下而上的非线性自组织过程。外部环境子系统包括自然生态环境、人文社会环境、经济环境，外部环境总是处于不断变化之中；多主体行动者主体系统具有感知并适应外部环境子系统变化的能力，并通过主动性行为创造有利于整体系统演化发展的适宜环境。旅游地复杂系统内部各子系统与外部环境子系统之间存在着非线性的他组织过程。

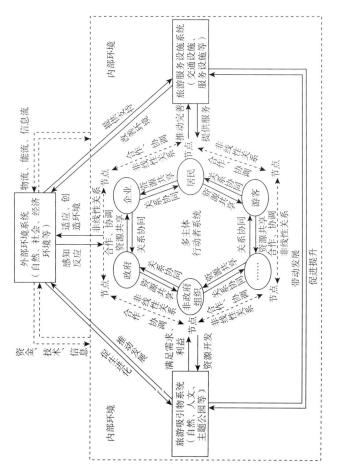

图3-1 旅游地复杂系统结构模式

3.2 旅游地复杂系统演化的环境

旅游地复杂系统演化是一个非线性的自组织过程，旅游地复杂系统必须在充分开放的环境下，与外界不断地进行物质、能量、信息交换，使系统远离平衡态，形成耗散结构，才能保证旅游地复杂系统的进化发展。

3.2.1 充分开放

在热力学中，根据系统与外界环境的关系，系统可以分为孤立系统和开放系统。孤立系统是与外界既没有物质交换也没有能量交换的系统；系统内部没有任何规则的宏观运动，时空上也没有宏观差别的状态，最终系统将走向"死亡"，即宏观上的最无序的平衡态。一个孤立系统由于与外界没有任何交流，必然走向无序从而消亡，达到平衡态，则意味着静止状态，将无法发展，系统只有形成耗散结构才可能向前发展，而任何一种耗散结构，只有在开放条件下才能形成，才能维持系统的生存和发展。系统的开放性，意味着系统将与外界进行信息、物质和能量交流，从中不断引入负熵流，当外界改变系统变化达到一定的阈值时，系统则由原来的无序状态转换为有序状态，从而实现系统的自组织过程。系统耗散结构形成的首要条件就是系统的充分开放，表现为系统内部与外部环境子系统的物质、能量和信息交流，这种物质、能量和信息交流具有非线性互动关系。

3.2.1.1　物质流

旅游地复杂系统内部系统与外部环境子系统的物质流包括外部环境子系统向系统内部各子系统输入的资金、技术、资源等要素。首先，自然、社会文化资源是旅游地复杂系统发展的物质基础；其次，交通基础设施、旅游接待服务设施的建设完善和旅游吸引物的开发都离不开雄厚资金的支持；最后，交通技术发展为快速、便捷的交通设施建设提供了条件，现代信息技术和各类专项技术的创新为多元化旅游吸引物的开发和高品质、个性化的旅游服务提供了可能。旅游产业与相关产业的融合发展，离不开外部环境提供的物质基础。旅游地复杂系统内部各子系统同时也向外部环境系统输出以游客为消费对象的各种物质形式。旅游客流的到来，不仅消耗了食、住、行、游、购、娱的旅游产品所需的物质资料，同时在旅游活动中所产生的各种生产性、生活性废弃物也排放到了外部环境中。控制、降解或转移旅游活动的废弃物，使其在外部环境中能够循环利用，是旅游业发展中所需要解决的问题之一。

3.2.1.2　信息流

旅游地复杂系统的演化发展离不开内部环境与外界的信息交流。正如维纳所说，"信息本身就是一种模式和组织的形式，就像外部世界的各种状态所组成的集合，信息可以解释为负熵"。旅游地复杂系统与外界的信息交流，作为旅游地复杂系统外部流入的负熵，是系统从无序走向有序的必要条件。经济全球化、信息技术革命、互联网广泛运用带来了外部环境社会、经济环境的改变，特别是旅游者需求的快速变化，以信息负熵形式输入旅游地复杂系统内部，多主体行动者主体系统通过开发多样化旅游吸引物，提供多样性、高品质旅游产品及服务等相关措施，推动旅游地系统内部结构和功能非线性变化，从而适应外部环境的变化。

此外，旅游地复杂系统内部，多主体行动者主体系统通过主动性创造有利于旅游业发展的环境条件，资源重构打造新的旅游吸引物，提高旅游地知名度，加强旅游产业深度融合发展，创新旅游新业态、新产品等活动，向外部环境输出各类信息，推动旅游地的进化发展。

3.2.1.3 能量流

旅游地复杂系统内部与外部的能量交流，主要来自政治、经济、社会和文化等国家政策、活动的支持，如国家、地方旅游产业发展扶持性政策，旅游业发展的制度激励，促进文化旅游融合发展政策、重大事件的举办等，为旅游业发展提供了政策支持和保障，增强了旅游地可持续发展能力，促进了旅游地健康、有序地发展。

3.2.2 远离平衡态

自组织理论认为，系统具有三种稳定状态：平衡态、近平衡态和远离平衡态。当系统处于平衡态和近平衡态时，系统会由微涨落自动恢复到系统原有稳定的状态，不会发生演化阶段的"跃迁"。远离平衡态是开放系统形成新的稳定有序耗散结构，生存和发展的必要条件。旅游地复杂系统与外部环境交互作用，通过引入负熵流，使系统远离平衡态，系统整体的非平衡状态则激发系统内部各要素间的非线性相互作用，为形成新的高级有序系统奠定了基础。根据热力学第二定律，系统内部熵总是增大的，即 $d_iS > 0$，而另一部分从外界环境输入的熵 $d_eS < 0$，当开放系统的总熵 $Ds = d_iS + d_eS < 0$，即满足 $|d_eS| > d_iS$ 时，系统才能产生自组织，或者从无序状态演化到有序状态，或者从低级有序的阶段演化到高级有序的阶段。

旅游地系统负熵的来源主要包括：自然过程的负熵，指自然过程中，由于太阳辐射和地质运动形成的旅游吸引元素；社会过程的负熵，包括旅游消费、人才引进、资金引进和各项方针政策促进旅游地发展建设；

旅游开发过程的负熵，指旅游新要素、新业态的开发，为旅游地发展注入新的活力；旅游运营过程的负熵，包括游客在旅游地的消费促进了当地旅游经济发展、社会进步，有助于旅游地传统文化传承和旅游形象塑造。

旅游地内部发展水平不一，其区位条件、资源禀赋、交通可达性等不相同，且通常资金和政策支持会优先投入到优良的旅游吸引物，从而加剧了旅游地内部的非平衡性。正是非平衡性的存在，使各旅游地内部存在协同竞争关系，不同的旅游吸引物在协同竞争中充分发挥自身的优势，强调各自的特色，推动旅游地不断发展壮大。

3.3　旅游地复杂系统演化的复杂特征

3.3.1　旅游地复杂系统的进化

3.3.1.1　复杂系统的进化路径

达尔文进化论揭示了生物界的进化总是从无序到有序、由低级秩序到高级秩序的发展趋势。而克劳修斯等的热力学第二定律则揭示了自然界普遍存在着可逆和不可逆两种过程，物质的演化总是朝熵增加、向混乱的方向发展。热力学第二定律引出的结论与达尔文创立的生物进化论看起来矛盾重重，但对于一个统一的物理世界来说，两个演化规律必然有着某种联系，因为自然规律是普遍有效的。普里高津经过 20 多年的研究，把热力学和动力学、热力学与生物学统一起来，研究自然界中的非平衡态的有序结构、生物和生命现象，他把系统在远离平衡与平衡态和近平衡态做了原则区分，深入研究远离平衡态的热力学，建立起耗散结构理论，填补了热力学和进化论之间的鸿沟。

按照耗散结构理论，一个远离平衡的开放系统，无论是生物学的、力学的、化学的、物理的，还是经济的、社会的系统，系统在持续与外界环境进行物质、能量和信息交流中，在远离平衡态下产生突变，系统将由原来混乱无序状态转换为在某一时空尺度下或不同功能上的有序状态。即使按照热力学第二定律，自然界有走向混沌无序的趋向，其中一个局部也会是有序化、复杂化的。因此，普里高津得出了"有序来自混沌"的结论。普里高津认为在所有层次上，无论是宏观物理的层次、涨落的层次，还是微观层次，非平衡使得"有序从混沌中产生"，是有序之源。一个开放的系统，在线性区域系统朝着某个定态演变时，最小熵产生，这时系统的稳定性是有保证的，涨落有可能使系统偏离这个最小值，但热力学第二定律则强制使系统回到吸引中心态，系统对于涨落产生"免疫力"，使系统结构和功能趋于稳定，从而系统进入一个稳定、有序状态。但是当进入非平衡态的非线性区域时，系统将处于"不稳定"的状态，这时一定的涨落不是衰减下去，而是被放大，形成与外界环境交换能量达到稳定的一种巨涨落；而系统远离平衡态的距离达到一个阈值时，在该阈值上系统将出现一种新的状态——混沌，使整个系统的结构和功能和性质发生变化，系统将朝着某个新的秩序进化。

根据普里高津的论断，最小熵原理使一个开放系统在原有的结构和功能范围内，朝着"有序"的方向发展；而当系统与外部环境相互作用发生正反馈，使内部的微涨落放大到巨涨落时，系统正处于非平衡态的非线性区域，系统将首先朝着"混沌"的方向发展，并产生新的结构和功能；混沌表面看似杂乱无章，内部却有周期性的窗口和无穷嵌套的自相似结构，是有序和无序的统一，随着系统的进化发展，新的更高级的秩序又将从系统的"混沌"中突现出来。因此，可以说"混沌"是由旧秩序的衰败造成的，它是有序系统演化的新方向，来自有序，又可以产生新的有序；有序来自混沌，又可以产生混沌。混沌既不是简单的无序，也不是简单的有序，而是一种无序中的有序，一种高级的有序态。复杂系统的进化就是遵循"有序→混沌→新的高级有序"而循环往复周期演替下去的。

3.3.1.2　旅游地复杂系统演化阶段的"跃迁"

旅游地复杂系统作为一个开放的复杂适应系统，总是向越来越高级的复杂形式演变。正如普里高津在耗散结构理论中提到的贝纳德花纹，在旅游地发展初期，旅游地复杂系统与外部自然、社会、经济环境子系统存在着客流、技术、资源、资金等物质、能量、信息交流。随着旅游资源的逐步开发、交通可进入性的提高，以及住宿等服务设施的建设，自然、人文、主题公园等旅游吸引物不断增多，旅游服务设施子系统得到不断改善，旅游地复杂系统内部环境产生的增熵与外部环境输入的负熵相互抵消，旅游地复杂系统总熵（Ds）趋于零，由系统发展随机性产生的微涨落，被系统边界阻力抵消，在旅游地复杂系统原有的结构和功能下，暂时呈现出远离平衡态的稳定、有序状态。

而旅游地复杂系统的存在与发展是以顺应外在世界的变化并和整个世界融为一体为先决条件的。随着交通技术的发展、互联网的广泛运用、旅游者需求的快速变化等外部技术、市场环境改变，旅游地复杂系统的多主体行动者系统作为适应性主体，在感知外部环境的变化后，采取相应的行为决策，使旅游地发展适应外部环境变化，由此形成了系统外部的涨落，对系统原有的微涨落起到了放大作用，并在正反馈的作用下得到不断增强，使系统进入到非线性的远离平衡态区域；而当旅游地复杂系统与稳定、有序平衡态的距离超过一定的阈值时，系统演化来到耗散结构"分岔点"，趋向混沌状态。旅游地复杂系统从有序状态发展到混沌状态是随着外部涨落使原来偏离平衡态的距离增加，本来有序的状态失去稳定，导致系统混沌状态的出现，为系统的结构和功能的变化提供了可能。旅游地复杂系统的混沌状态来自非平衡态下的有序状态。

混沌是具有周期窗口和自似性的内部结构，是具有明显对称特征的有序状态。当旅游地复杂系统到达有序与混沌相交临界点——任何有新事物涌现的地方，都是凸显和未定的，被称为"混沌边缘"，随着旅游地复杂系统原有结构和功能的瓦解，旅游地复杂系统将"涌现"新的结构和功能，在与外部环境的相互过程中演化到更高级的有序状态。"涌现"是复杂系统的根本特征，通常认为它是复杂系统在自组织过程中新结构、新属性的出现，是实现简单到复杂的过程。复杂系统的涌现现象被认为是通过混沌边缘来完成的。因此，旅游地复杂系统"涌现"可以被理解为通过混沌边缘实现了从系统原有的秩序向更高级的秩序"跃迁"。而当旅游地复杂系统越过"混沌边缘",到达混沌状态,旅游地多主体行动者系统则需要通过混沌控制,使系统从混沌状态再次演化到有序状态。

　　混沌控制是指通过微小控制量的作用使受控混沌系统脱离混沌状态,达到预期的周期性动力学行为,如平衡态、周期运动或准周期运动。混沌控制理论认为,当系统处于混沌时,系统相空间中的"混沌吸引子"中会隐藏着众多不稳定的有序态,这些有序态在对系统某一参量进行细微调节后,在不改变系统本质的状态下得以控制。换句话说,对于处于混沌态的系统可以通过控制调节系统参量方法,来实现系统有序态的转化。对于旅游地复杂系统,我们则可以通过找到导致旅游地复杂系统混沌状态的主导因素,发挥旅游地行动者适应性主体的主观能动性,并采取相应的行为决策,对系统状态进行调控,促进高级有序态的生成,最终实现旅游地复杂系统演化阶段的"跃迁"。综上所述,旅游地复杂系统演化阶段遵循"有序→混沌(边缘)→新的高级有序"、从低级有序向高级有序的演化阶段"跃升",且将以螺旋式上升的循环方式演替下去,如图3-2所示。

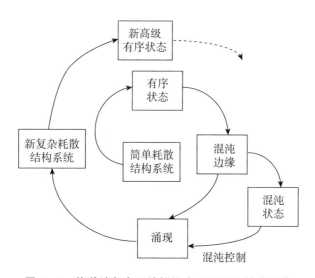

图3-2　旅游地复杂系统螺旋式"跃迁"演化示意

3.3.2 混沌边缘："复杂性""活力"来源

一个复杂适应性系统永远不可能达到均衡状态，它总是处在不断展开、不断转变之中。事实上，如果系统确实达到均衡状态，达到完全稳定状态，它就变成了一个死的系统。"混沌"在系统动力学中被认为是耗散结构的"分岔点"，演化系统相变先经历混沌状态，然后系统将稳定在一个新的、更高级的有序状态。而当系统处于有序与混沌的相交界处时，这区域是一个复杂区域，即"混沌边缘"（Edge of Chaos）。"混沌边缘"是由数学家朗顿在研究元胞自动机的分类问题时提出的一个著名概念。他将元胞自动机的动力系统顺序排列为：秩序→"复杂"→混沌，这里的"复杂"指的是某种第四等级的元胞自动机规则所显示的让人惊奇的动力行为，是某种相变现象，这种相变现象是"趋向混沌的转变""混沌的边界""混沌的开始"，朗顿称之为"混沌边缘"。当生命处于"混沌边缘"时，则表明"进化"的开始。在混沌边缘状态下，系统在高度的周期和混沌行为之间的狭小区域，系统内的生命有足够的稳定性来支撑自己的存在，又有足够的创造性使自己名副其实为生命，在这里复杂性能够自发地调整。

旅游地复杂系统演化的复杂性产生于"混沌边缘"，它可以使系统既具有足够的稳定性，同时又具有足够创造性的边界（见图3-3）。当旅游地复杂系统处于混沌的边缘时，由于系统兼具边缘所具有的性质，会表现出极其丰富的二重性，既是稳定的又是不稳定的，既是确定性的又是随机性的，既是有序的又是混沌的，既是可计算的又是不可计算的，既是可预测的又不可预测的，既是可控制的又是不可控制的。事实上，这个边缘是旅游地复杂系统中最有"活力"和"创新"的区域，此时，旅游地复杂系统张力最大，以往在稳定态下的微涨落在系统正反馈作用下得以扩大为巨涨落，系统由"量变"到"质变"，将进入一个快速变化状态临界点，是产生系统进化的起源地，旅游地复杂系统在此即将开启

一个新的演化阶段，旅游地新的属性或结构也随之涌现。

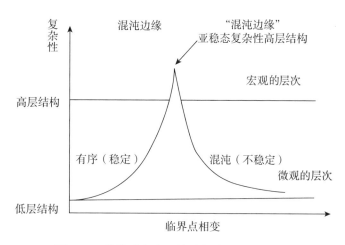

图 3-3 旅游地复杂系统演化的"混沌边缘"

  旅游复杂系统演化的混沌边缘区域同时也是旅游地各级行动者管理的目标地带，旅游地各级行动者要求具有足够的动态适应性，采取更好的行动决策，保证其行为的有效性，避免违背旅游地复杂系统的自组织趋势，使系统发展到新的有序和稳定阶段；能够以激活和刺激某些目标变量的方式，使系统保持足够的"活力"助推进入该区域，从而推动旅游地复杂系统向更高级的演化阶段发展。因此，在混沌边缘周边区域，系统的创新活动异常频繁，也尤为重要。创新是旅游地发展进化的源泉，而创新往往意味着改变，意味着对旅游地原有格局秩序的再塑造，但并非旅游地所有的行动者都能接受这种活跃的行为，因为创新的成本代价往往会使行动者退缩。所以，旅游地管理者应准确判断旅游地复杂系统演化的发展状态，识别激发系统演化阶段"跃迁"的主导因素，采取必要的管控手段，积极鼓励和扶持旅游地其他行动者以各种创新活动，激活旅游地复杂系统"跃迁"的有利因素，使旅游地不断向前进化发展。为此，运用非线性方法研究旅游地复杂系统的复杂结构及演化过程则尤为重要。

3.4　旅游地复杂系统演化过程

3.4.1　混沌吸引子

"吸引子"是一个数学概念,是指系统的时间运行轨道随时间渐进地收敛到一系列的点集。作为描写运动的收敛类型,它存在于相平面。所有运动系统,不管是混沌的还是非混沌的,都以吸引子为基础,它因具有倾向于把一个系统或一个方程吸引到某一个终态或终态下的某种模式而得名,是系统不受外界干扰时最终演化的方向。复杂系统从某种状态开始变化发展,最终会到达某种吸引子,即它所偏好的状态,如果没有别的因素向它施加作用,它会保持在那个状态。这个吸引子的状态可以是一个点,如球滚到谷底中不动;可以是一个有规则的轨道,如行星绕自己的轨道运行;可以是复杂状态的系列,它用许多个吸引子组成的系列来表示;还可以是一个无限的系列,它就是混沌的状态和混沌吸引子或奇异吸引子。在系统中,形成一种结构和保持一种结构(即稳定的系统)都可以被称为陷入了一个吸引子中,从而从系统动力学解释了系统的稳定性。

吸引子大致可以分成三类:第一类是最基本的吸引子稳定点,也称为定点吸引子或者不动点吸引子,代表平衡态或近平衡态。在相空间中,周围的轨迹被定点吸引子全部吸引过来,定点吸引子被看成一个点。第二类是极限环吸引子。在相空间里,极限环吸引子是一个封闭环,作为一个周期性循环吸引附近的轨道。这种吸引子相对比较高级，在自组织作用下，系统在远离平衡态，经过一定的分岔点时，系统达到的一种稳定、规则的周期震荡状态。这两类吸引子分别描述了系统两类周期性重复某种运动的长期行为，极限环吸引子正是普里高津在耗散结构里所描述的，非线性系统如何通过自组织作用从无序中创造有序的结构。而当系统进一步产生分岔，距离平衡态更远，将可能形成另一种新的稳定态，即第三类吸引子——混沌吸引子或者奇异吸引子。它代表了系统的非周期性变化下的稳定状态。混沌吸引子不同于一般吸引子，混沌现象的两条距离相近的轨线进入吸引子后，将产生指数分离，两个状态点会迅速分开。此时，吸引子外部的所有运动轨迹都会被吸引进入吸引子，而后又在其内部迅速分开，这是一个外部的聚集和内部分散的过程。系统在广义上遵循某种规律，但由于系统的演化对初始条件依赖的敏感性，将出现某些随机性偶然特征；从狭义上则暂时还无法得到相对具体的演化轨迹。

随着外部环境负熵的输入，旅游地复杂系统处于远离非平衡态的耗散结构，其内部会有诸多不稳定性。当系统进入"混沌边缘"时，混沌吸引子将起到关键性的作用，成为旅游地复杂系统演化的方向。对于旅游地而言，"混沌吸引子"意味着旅游地发展的方向，系统内部的所有工作都是围绕吸引子去展开，按照吸引子的方向演化发展的。旅游地应根据内外部环境发展的变化及其自身发展状况，在系统内部各子系统中积极"培育"切实可行的"混沌吸引子"，系统主体行为都将围绕"混沌吸引子"运转，从而形成系统演化发展的内在驱动力，推进旅游地向高级阶段演化发展。

3.4.2 旅游地复杂系统混沌吸引子的"跃迁"

旅游地复杂系统演化的过程即为旅游地复杂系统混沌吸引子"跃迁"的过程。在复杂系统演化中，常会出现许多吸引子，这些吸引子会随系统的内部和外部，或内外之间的相互作用的变化而变化。当模型表现为吸引子随系统某些参量的变化而变化时，这在现实世界就是突变现象。旅游地复杂系统的混沌吸引子是旅游地利益相关者即旅游地行动者之间相互博弈的最终结果，是旅游地发展的目标。在系统朝着混沌吸引子方向发展过程中，旅游地各级行动者紧密联系在一起，他们相互之间通过业务关系连接起来，协同合作朝着混沌吸引子——旅游地发展的目标演进。混沌吸引子在这个过程中扮演着"向导"的角色，在系统演化过程中起着组织、催化和监督作用，并形成具有自我调节的反馈系统——正反馈和负反馈系统。在走向发展目标（混沌吸引子）的过程中，旅游地具有强大的生命力，即使出现不同程度的波动和阻碍，也能依靠自组织作用恢复到正确的轨道线上。但当达到旅游地预期目标状态（混沌吸引子）后，起初的混沌吸引子所起的"引领"作用将不复存在。而随着旅游地复杂系统内部、外部或内外之间的相互作用的变化，外部负熵值不断输入，原有的混沌吸引子将发生变化，即产生混沌吸引子的"跃迁"。旅游地复杂系统混沌吸引子"跃迁"过程的本质是在外部激励作用下，系统动点在左、右两段吸引子曲线之间发生跳跃，或从左边跳到右边，或从右边跳往左边。如图 3-4 所示，发生混沌吸引子"跃迁"过程中，因为系统之前的动点原来位于左侧的吸引子曲线 B 点上，当系统受到的激励大于 B 点时，动点则要往右侧的吸引子 D 点位置移动，开始时首先沿 CB 曲线移动，然后随着激励值增加，动点要迅速地水平"跃迁"到右侧吸引子曲线的 B′点处，最后沿 B′D 曲线移至 D 点上。

旅游地复杂系统演化过程就是旅游地复杂系统混沌吸引子不断改变、发生"跃迁"的过程。当原有混沌吸引子失去"引导"作用时，旅游地利益相关者在没有形成新的统一的下一阶段的共识之前，系统将会出现混沌状态，此时旅游地各级行动者应适应外部子系统变化，顺应系统自组织趋势，达成共识，协同合作，共同培育系统新的"混沌吸引子"；通过采取各项行动决策实施混沌控制，最终形成新的混沌吸引子，引导系统向更高层次跃进。由于混沌吸引子是由旅游地利益相关者（即各级旅游地行动者）之间博弈结果决定的，当混沌吸引子"跃迁"到一个新层次时，随着外部环境子系统的改变，旅游地多主体行动者子系统的构成及各主体行动者之间的关系，也会因混沌吸引子的变化而有所改变。虽然主体行动者构成在前后是一样的，但他们在形成新混沌吸引子过程中所起的重要作用程度不同，旅游地各级行动者在主体系统中的地位也将有所改变。

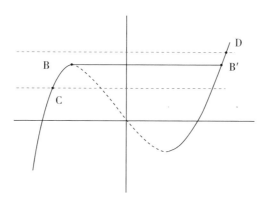

图3－4　旅游地复杂系统动点沿混沌吸引子曲线移动过程

旅游地复杂系统混沌吸引子作为旅游地演化发展的方向或状态，由于旅游地类型多样化，其发展目标有所不同，混沌吸引子的"跃迁"也存在不同的表现形式——接待游客规模的扩大、旅游产业融合度的提高、旅游地形象的提升改变等，需根据旅游地类型及具体发展条件进行分析。

3.5 旅游地复杂系统演化机制

3.5.1 演化的实质

  旅游地复杂系统演化是旅游地行动者适应性主体微观个体进化的结果。"进化"（Evolution）来源于生物学，在其他场合常被译为演化。在不同时期和不同场合下，"进化"有不同含义。达尔文认为"进化"是指事物由低级、简单的形式向高级、复杂的形式转变的过程，生物进化不一定都是"进步"，而是"有变化的传衍"来表示生物随时间既变化又连续的过程。现代流行的"进化"的定义，即广义进化概念，是由英国哲学家斯宾塞 1862 年在《第一原理》中提出的："进化是物质与运动耗散的结合，在这一过程中，物质从不确定的、不连贯的同质性转变为明确的、一致的异质性。"斯宾塞认为"进化"是一切物质的发展规律，既可包含生物的进化，也可包含非生物的演化；既可指自然界的进化，也可代表社会结构和文化系统的发展和变迁。"进化已不再等同于进步，而是相当于长期的变迁"，包含了对长期和渐进的变化过程，是某种形式得以成功适应的标志。从这个意义上，一切自然科学在基本方面都是演化的。本书这里的"进化"主要指在长时间尺度下，旅游地复杂系统适应性主体对环境适应度的变化。之所以采用"进化"一词而并非其他，主要是借鉴生物学的思想。

  旅游地复杂系统是由多个适应性主体相互作用形成的复杂适应系统，

系统行为除了非线性作用，还具有适应性。适应性是复杂系统的基本特征，所谓适应性是指系统能自动改变自己的习性以适应环境的变化，即所谓的"适者生存"法则。旅游地复杂系统的演化发展是依靠适应性主体的微观个体进化来实现的，微观个体的进化使宏观系统呈现出新的状态和结构，并通过"涌现"将个体适应性与系统演化这两个不同层次连接起来，是系统结构及功能进化，乃至整个旅游地复杂系统进化的基础。从这个意义上，旅游地复杂系统演化是适应性主体微观个体进化的结果。

3.5.1.1　旅游地复杂系统适应性主体的进化路径

旅游地行动者作为旅游地复杂系统的适应性主体，具有主动性和能动性，其适应性体现为：在系统内部其他子系统及外部环境进行物质、能量和信息交流过程中，由于旅游地行动者自身作用的性质和程度的差异，导致旅游地行动者之间及与外部环境之间产生非线性交互作用，从而使旅游地行动者能够为实现自身目标而调整和改变自身行为模式，以适应环境变化的要求。旅游地行动者的环境适应性行为贯穿于旅游地复杂系统的整个演化过程中。旅游地行动者具备适应性主体的"学习能力"，不断地成长和进化，并遵循"接受刺激→做出反应→得到反馈→修正规则→提高适应度"的学习过程，由最初的单一主体适应性学习行为，到多主体互动参与、共同演化的高层次阶段，再到多主体间多层次、多渠道的网络交互阶段，保证了各种形式的流在系统内高效快速流动。旅游地行动者自身的进化同时也促进了旅游地复杂系统混沌吸引子的"跃迁"，从而推动整体系统不断向前演替。旅游地复杂系统适应性主体的进化遵照由简单到复杂的路径，大致可以分为单主体行动、多主体互动和多主体网络三个进化阶段。在不同的进化阶段，发挥主导作用的进化机制也有所不同，如图 3 - 5 所示。

其一，单主体行动阶段——自然选择主导。政府利用旅游地优势禀赋资源开发一些有特色的旅游吸引物，吸引以旅游客流为基础的能量、信息、资金流等要素流聚集，促进旅游地复杂系统内部各组成部分、子系统之间，与外部环境子系统的交互作用。各级旅游地行动者之间建立了一定的联系渠道，但主要还是以单一主体各自的自然选择适应环境变化行为为主，主要表现为旅游地各级政府基于对外部经济社会环境的认识，制定地方旅游发展规划和旅游业发展的激励政策，建设旅游基础设施，引导企业、居民和非政府组织参与建设，保证旅游地复杂系统的运行发展。政府适应环境变化的行为在系统演化中发挥着主导作用，自然选择便成为旅游地行动者进化的主导机制。与生物个体不同，旅游地行动者不存在进化停滞，个体成长与进化过程交织在一起，并随着环境的变化发展而不断向前发展。

其二，多主体互动阶段——适应性学习主导。政府注重开展各种营销活动和举办各类地方事件，提高旅游地知名度，塑造旅游品牌，激励企业、居民和非政府组织参与建设和营销活动，吸引更多围绕"旅游客流"为中心的资金流、物质流进入旅游地复杂系统，形成旅游聚集体。旅游吸引物子系统在旅游地行动者行为推动下规模不断扩大，功能品质不断提升，数量和类型不断增加，进一步吸引旅游客流和完善旅游设施，政府适应性学习行为在旅游复杂系统演化中起了主导作用。随着各项有效旅游发展政策的完善，借助多主体行动者主体系统内部资源、知识信息共享，各级旅游地行动者互动渠道不断增多，系统行动者主体之间相互影响、相互作用，实现了良性互动发展。由最初的各自单一主体行动发展到多主体参与的复杂适应系统高级层次，但还处于初级阶段，正逐步实现适应性主体的共同演化。适应性学习机制体现在旅游地行动者的适应性行动中，并开始在系统演化中发挥一定作用，旅游地行动者行为开始由被动的自然选择，发展为主动的适应性学习。

其三，多主体网络阶段——自主创新主导。旅游地行动者通过持续多种形式的交互合作、相互联系，逐渐稳固并形成网络结构形式，促使各级旅游地行动者之间的知识和信息交流效率进一步提高，实现多主体行动者的共同进化发展。旅游地行动者的共同演化作为旅游地复杂适应系统突变和自组织的强大力量，更容易将系统导向混沌的边缘，发生混沌吸引子"跃迁"，促进旅游地复杂系统的演化升级。旅游地行动者不断地"学习""积累经验"，自然选择和适应性学习行为共存，主要借助网络结构形式促进知识流、信息流的合理高效流动，为各行动者主体获取信息、共享资源提供便利，从而实现知识的吸收和再创新，促进旅游地行动者自身的快速成长进化；形成多样化旅游吸引物、多样性旅游产品服务，满足多元化旅游需求，达到与环境和谐共生的状态。同时，旅游地行动者主体发挥主观能动性，积极地创造有利于旅游地复杂系统演化的环境条件，自主创新在旅游地行动者的适应性行为中不断涌现，在系统演化中发挥主导作用，从而为系统演替发展创造持续的新动力源。

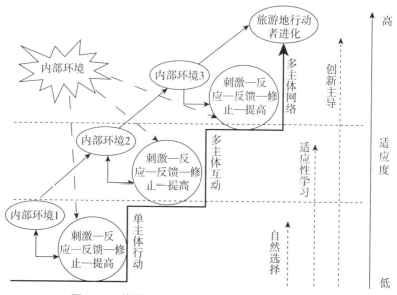

图 3-5　旅游地复杂系统适应性主体的进化路径

3.5.1.2　旅游地复杂系统整体适应模式

旅游地复杂系统演化是旅游地行动者作为适应性主体的复杂交互过程，旅游地微观行动者主体相互学习的特性提升了主体自身、各子系统及整体系统的适应能力。学习性是适应性的必要条件，适应性是学习性得以延续的基础。在旅游地复杂系统中，各级旅游地行动者以各自利益为导向不断利用资源和规则库进行交互协作，通过有选择的"学习"和有意识的变异，使各适应性主体在竞争合作中达到共赢，实现旅游地持续发展。各级旅游地行动者间、各子系统间，以及与外部环境之间不断地相互学习和相互适应，提升了上海旅游地复杂系统整体的适应性能力，推动了旅游业持续有序发展。旅游地复杂系统整体适应模式如图 3 - 6 所示。

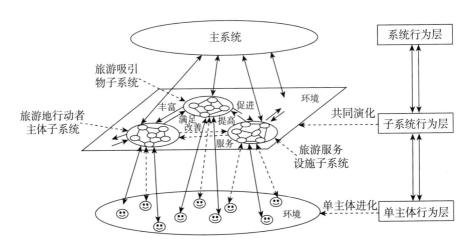

图 3 - 6　旅游地复杂系统整体适应模式

首先，旅游地行动者主体与系统外部环境间的适应性。外部环境总是处于持续动态变化之中，旅游地行动者微观主体为维护所属行业、联盟和自身经济利益，进行选择性的"学习"或"积累经验"，在感知和解析市场环境、社会环境和自然环境变化对其影响后，主动动态地调整自身结构和行为方式，采取相应的适应性行为，如制定新的旅游地发展规划、新旅游景区景点建设开发、改变参与社区旅游开发活动的方式、提升旅游产业能级等，表现出很强的适应能力和丰富的多样性特征，从而应对外部环境的不断变化。

其次，旅游地复杂系统内部各子系统间的适应性。旅游地复杂系统内部包括多主体行动者子系统、旅游服务设施子系统和旅游吸引物系统。

多主体行动者子系统中各级旅游地行动者适应性主体之间存在大量的交互作用，通过业务关系等链接，在资源共享、信息互通的基础上形成协同合作、互相学习的关系。某一旅游地行动者主体的适应性行动策略改变，会对其他旅游地行动者主体行为策略带来影响，如政府制定和调整旅游发展政策，会带来旅游企业的经营环境变化、本地居民参与社区旅游发展方式改变，进而影响旅游者对旅游吸引物的需求。每一个旅游地行动者只能完成系统运行中的一部分职能，各行动者主体必须以实现共同目标为前提，实现相互协作、相互适应，才能保障各行动者主体自身利益的获取及可持续发展。而旅游地行动者的适应性行为不仅只是作为多主体行动者子系统单一进化的途径，而且还要实现系统内部环境各子系统的共同演化。旅游企业景区景点的开发与宣传，旅游服务设施的新建、扩建与完善，政府旅游政策、发展规划的制定与编制，基础设施和重点旅游项目的建设与开发，居民和非政府组织参与旅游景点、景区经营管理等旅游地行动者的适应性行为，都将带动、促进旅游吸引物子系统和旅游服务设施子系统的演化发展，吸引更多的旅游者，从而提高系统内部各子系统的环境适应度。

最后，旅游地复杂系统各构成子系统与系统整体的适应性。旅游地行动者适应性主体的学习、适应行为提升了适应性主体间的适应性和协调性，进而提高了各子系统的适应性。由于各构成子系统不仅具有旅游行动者适应性主体之间，还有旅游吸引物之间、旅游服务设施之间及各构成子系统与外部环境之间等更为复杂的关联，具有更多的交互作用和更强的相互适应能力，进而表现出更强的社会性、经济性及环境适应性，并更加注重系统的整体性运作和关联性。在旅游地行动者主体适应性行为的带动下，各构成子系统适应度得到提高，推动了系统功能、结构、特性、层次等方面的突变，即涌现出系统新的结构和功能，提升了系统整体的适应性，促进旅游地复杂系统的演化与发展。

3.5.2 演化的动力

非线性作用是系统存在和演化的内在根据。如果一个系统不存在内在的非线性作用，系统内部各要素之间将缺乏一种相互维系成一个有机整体的力量，系统就不可能具有整体性、结构性和层次性特征。非线性作用具有一种临界效应，旅游地复杂系统由于系统内部随机涨落引起结构失稳，如果随机涨落不是发生在临界点附近，非线性作用则会平息这种涨落，稳定系统原有的时空结构，系统依然处于稳定状态；但随机涨落若发生在系统临界点周围，稳定的时空结构无法调整这些机制，微涨落将放大为巨涨落，系统内部功能或局部机制将会改变，则使系统进入混沌边缘，并按非线性相互作用决定的方向，促使系统发生质的飞跃和提高，并涌现出原有系统不具备的、新的、更高层次的结构、功能、模式和秩序。旅游地复杂系统的这种涌现现象本质上是系统非线性作用支配的结果，来源于旅游地复杂系统适应性主体间及与系统内外其他系统间非线性相互作用。

从旅游地复杂系统的适应性主体来看，旅游地行动者具有主体智能性，为了满足自身的利益要求，需要适应不断变化的外部环境，主动接受外部环境和内部各子系统的各种反馈信息。反馈分为正反馈和负反馈，在旅游地复杂系统的演化过程中，旅游地行动者作为适应性主体会强化那些与正反馈相关的机制，使这些机制越变越强，并不断优化、协调自身的知识结构，提高自适应学习和生存进化的能力，并通过自身适应性水平的提升，自身得以生存发展，并在新的结构和功能下，呈现更高复杂性的行为特征。

3.5.2.1 旅游地适应性主体间的非线性作用

旅游地复杂系统行动者适应性主体通过彼此间协同、竞争等主观能动行为的非线性交互作用，实现自身发展目标或共同目标，是旅游地复杂系统演化的内在动力，如图 3 - 7 所示。旅游地行动者之间的非线性交互过程存在错综复杂的网络结构或链条结构，旅游地行动者作为节点，彼此间通过各种类型的业务关系构成连接线，由节点和连接线构成的整个作用关系是网状结构，而旅游地行动者主体之间则是链状结构。旅游地行动者主体在复杂动态网络的交互作用，使系统在宏观上表现出复杂的整体行为。旅游地复杂系统的自组织行为作为系统运行中的常见现象，也是旅游地行动者适应性主体的非线性交互的结果。它表现为物质、能量和信息在旅游地复杂系统内的流转，或者旅游地复杂系统在某一时段由偶然信息或突发事件引发波动后逐步趋于稳定的过程。

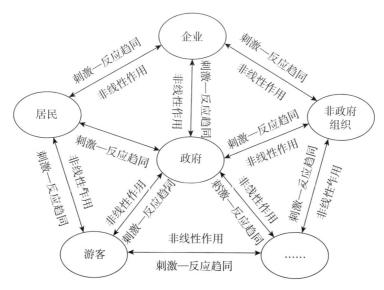

图 3 - 7　旅游地复杂系统行动者适应性主体之间的非线性交互

　　旅游地行动者之间的交互不仅具有刺激—反应的趋同效应，且涉及范围包括协同合作、信息沟通、行动请求等方面，旅游地复杂适应系统的整体宏观行为就是各个旅游地行动者主体在互相非线性作用下产生的结果。

3.5.2.2 旅游地适应性主体与内部其他子系统间的非线性作用

非线性作用是系统本身所固有的不断协调各子系统的一种内在机制。在旅游地复杂系统演化过程中，旅游行动者任何一个适应性主体行为的变化都会导致其他主体适应程度的变化，这种变化是旅游地行动者适应性主体与系统内部其他系统主体间非线性作用的结果。旅游地行动者适应性主体间通过非线性交互影响而产生相同或相似的适应性学习行为，存在"趋同效应"机制，表现出旅游地行动者适应性主体在行动上的一致性，形成了系统最低层次的涌现（见图3－8）。各个旅游地行动者适应性主体的适应性变化同时也会引起与其关联内部各子系统主体的适应性改变，同样表现出的"趋同效应"，比如政府对旅游发展规划的调整，会影响旅游服务设施建设及旅游景点开发；旅游企业经营战略的改变，将影响到不同类型的旅游景点的开发及宣介活动，最终将影响旅游吸引物子系统和旅游服务设施子系统的完善。旅游吸引物子系统和旅游服务设

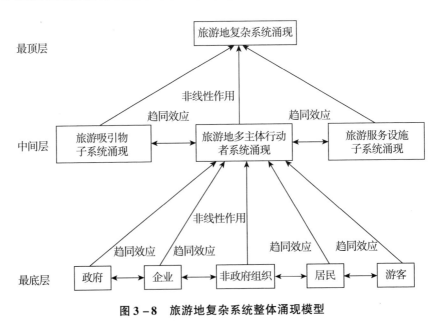

图3－8 旅游地复杂系统整体涌现模型

施子系统与旅游行动者主体子系统交互作用过程，形成了更高层次的系统宏观层面的涌现现象，最终使系统发生质变，在整体上生成新的结构和功能。涌现把旅游地行动者个体的适应性与系统的演化两个不同的层次连接起来，是旅游地行动者适应性主体非线性作用的结果。

3.5.2.3 旅游地行动者适应性主体与外部环境子系统间的非线性作用

系统的开放性是旅游地复杂系统存在的前提条件，这种开放性本身就具有系统与环境的相互作用，这种相互作用同样具有非线性作用的特征。正是这种旅游地复杂系统内部与外部的非线性作用，旅游地复杂系统在"负熵流"的作用下才能产生自组织生成系统的有序状态，从而维持旅游地复杂系统的存在和演化。旅游地行动者适应性主体与外部环境交互作用的过程，是旅游地行动者为求生存与发展的策略过程，是系统宏观层面非线性作用的结果。旅游地复杂系统在远离平衡态的条件下，通过非线性作用，在外部环境信息变化的刺激下，变外部信息为系统进化动力，表现为旅游地行动者通过不断自我学习改变行为规范，使其环境适应性不断提高，达到与环境和谐共生，为宏观系统演化提供动力源。

第 4 章

上海旅游地复杂系统演化的复杂结构

本章基于《上海旅游年鉴》及上海文旅局官网发布的年度、月度接待旅游者统计数据，运用水平可视图算法（HVG），利用Python、Gephi及Matlab等软件编程，将上海接待旅客人数的四组时间序列映射为复杂网络，分析上海旅游地复杂系统演化复杂网络的统计特征，并将四组时间序列复杂网络度分布指数与随机序列(RND)、分形布朗运动序列(FBM)两个随机时间序列和逻辑斯谛方程(Lgst)、洛伦兹方程(Lorenz)两个典型混沌时间序列进行比较，剖析上海旅游地复杂系统演化的复杂结构。

4.1 旅游地复杂系统演化分析方法

旅游地作为一个复杂系统，可以使用统计物理学、非线性动力学中的定量方法及社会网络分析法进行旅游地复杂系统演化研究。这些方法的共同之处在于，它们根据所研究复杂系统的某些可观察量（状态变量），呈现系统演化的动态特征。但从实际的角度来看，这些方法的应用需要相对复杂的算法，这些算法需要依据大量旅游领域不常见的数据，并且对它们最终得出的结论进行解释，可能是一项艰巨的任务（Baggio和 Sainaghi，2011）。最近，一些学者提出了通过使用复杂系统观测时间序列，将其转换为不同的图形（网络），然后通过采用复杂网络的结构测量指标研究时间序列的动力学特征，分析复杂系统演化的动态特征，即可视图法。

4.1.1 可视图算法

2008 年西班牙学者 Lacasa 等在 *PNAS* 发表文章，基于可视思想以全新的研究角度将时间序列映射成复杂网络，即可视图建网方法（Visibility Graph，VG）。该建网方法的算法遵循原理：网络中的每个节点对应到离散时间序列数据中的每个时间点。将这些节点中满足提前规定好的可视性规则的两个点连接起来，即为网络的边。基于可视图方法，随着时间序列数据不断增加，复杂网络的生成过程便类似于 BA 无尺度网络的动态生成过程，且复杂网络中的中心（Hub）节点对应于时间序列数值中特别大的数据。

该算法是一种几何变换的方法，它把时间序列作为研究复杂系统演化的可测变量，将时间序列视为一组数值，网络的两点间是否连接取决于数据间的线性可视与否，通过适当的变换，将 N 个数值的时间序列映射到 N 个节点的网络图，并通过网络分析方法对时间序列进行非线性分析（Strozzi 等，2009）。可视性准则满足：如果时间序列中任意两个数据点 (t_a,y_a) 和 (t_b,y_b) 相互可视，则对任意的点 (t_c,y_c) 满足：

$$y_c > y_a + (y_a - y_b)(t_a - t_c)/(t_b - t_a)$$

其中，$t_a < t_c < t_b$。

可视图算法生成的复杂网络具有如下性质：每个节点至少与其左右相邻的节点相连；将坐标轴中横轴或者纵轴的坐标比例尺度进行一定比例改变，或者对坐标轴进行一次仿射变换，经过这种方法变换之后的网络依然与初始的可视性保持一致。

可视图算法可以将任意的时间序列转化为网络，并且是全连通的网络，但不依赖于阈值大小的选取。转换后的网络图继承时间序列的结构，得到的统计特性蕴含了原时间序列所固有的动力学信息。通过对时间序列进行建网，周期性时间序列映射成复杂网络后，转化成规则网络；随机时间序列则转化成随机网络；分形时间序列 Conway 则转化为无标度网络图（Nunez 等，2012）。可视图算法将复杂网络理论运用于分析和处理时间序列上，开创了时间序列网络化分析的新领域。

4.1.2　水平可视图算法

4.1.2.1　原理

随着可视图算法构建网络的进一步深入研究，2009 年 Luque 等在可视图算法（VG）基础上提出了一种几何上更简单、具有更少统计量的方法——水平可视图算法（Horizontal Visibility Graph，HVG）。该算法具有计算简单、原理清晰易懂的特征。HVG 网络除了具有 VG 网络的性质之外，HVG 构建网络的准则比 VG 具有更大的限制性，HVG 网络里节点的度普遍比 VG 网络的小，任意时间序列经 HVG 转化成随机网络后，具有相同的幂律形式的度分布。最重要的一点是，HVG 网络已经被证明能够获得随机时间序列和混沌时间序列的特征，并在 HVG 转换后的网络图中通过计算相关复杂网络结构指标数值进行区分。HVG 方法建立了时间序列分析、非线性动力学和图论之间的桥梁，在自然、社会和经济系统中得到了广泛运用，应用于地球物理学、股票市场指数、汇率、宏观经济指数、人类行为、飓风的发生或湍流系统耗散率的分析（Elsner 等，2009；Fan 和 Guo，2012；Tang 等，2013；Wang 等，2012），也开始在旅游地复杂系统领域得到运用。Baggio 和 Sainaghi（2011）将 HVG 方法运用于分析意大利高山目的地 Livigno 在过去 50 年旅游业发展的转折点，并证实了旅游业发展的复杂结构。在此基础上，Sainaghi 和 Baggio（2014）又将此方法运用于研究意大利东北部第二旅游区特伦蒂诺—阿尔托阿迪杰区（Trentino-Alto Adige）的 10 个旅游地演化发展的复杂性特征和旅游业发展的转折点，得出不同的旅游地具有不同的动态演化特征。

水平可视图算法的原理 $X = \{x_i\}_{i=1,\cdots,n}$ 是一个具有 n 个观察值的时间序列，每个点画垂直柱形条，每个柱形条都链接到所有可以与水平段连接而不与任何其他中间柱形条相交的水平线，如果每个中间值 X_k 满足条件：$X_k < inf[X_i；X_j]，k：i < k < j$，则两个数据点 i 和 j 具有水平可见性，构建网络，其中节点是数据点，链路（无向）是水平段。如图 4-1 所示：柱形图部分是一个具有 20 个数值点的时间序列，网络图部分是经水平可视算法后生成的图，时间序列的每个数值与网络图中的节点相对应，若两个节点对应的柱形图高度比位于它们之间任意的柱形图都高，那么这两个节点具有可视性，互相连接。水平可视图生成复杂网络具有几个特征：是无向网络；每个节点至少与其左右相邻的节点相连；若将坐标轴中横轴或者纵轴坐标的比例尺度改变一定比例，或者对坐标轴进行一

次仿射变换，变换后的网络与初始可视性仍保持一致。

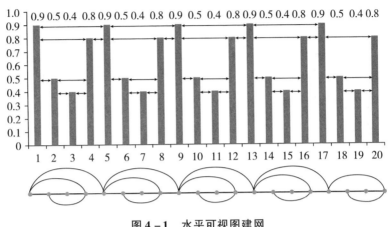

图4-1　水平可视图建网

4.1.2.2　随机时间序列与混沌时间序列在 HVG 映射中的有效边界

随机时间序列与混沌时间序列的随机过程与混沌过程都有许多共同的特征，它们之间的区别非常微小，其问题主要在于确定系统不可预测性的来源，即系统熵的产生是否起源于混沌确定性或随机动力系统。对于区别两者的方法，迄今为止的大多数方法都依赖于混沌动力学和随机动力学之间的两个主要区别。第一个区别是混沌系统具有有限维吸引子，而随机过程则产生于无限维吸引子。能够重构吸引子则表明时间序列是由确定性系统生成的。第二个区别是确定性系统与随机系统的不同在于短期预测：对于混沌系统，两个相邻状态的时间演化将以指数级快速发散；而对于随机过程，这种分离是随机分布的。目前，区别两者的绝大多数方法主要依赖于复杂的计算。

水平可见性算法可将时间序列映射成复杂网络，网络节点之间的连接先根据映射准则捕获序列结构，随后使用图论工具对序列的属性进行字符化。水平可见性算法已被证明可将时间序列的相关性，包括周期性、分形性或混沌性捕获，并转换成相关的可见性复杂网络图。

时间序列结构在映射复杂网络的拓扑中是守恒的：周期性时间序列映射为正则网络图，度分布服从离散度分布；分形时间序列映射为无标度网络图，度分布服从幂律度分布；随机时间序列和混沌时间序列则都可映射为指数度分布的水平可视图网络，即网络节点度分布遵循指数分布（累加分布在半对数坐标下大致呈直线），网络的度分布为 $P(k) = e^{-\lambda k}$（k 表示度，λ 为率参数）。$\lambda_c = \ln\left(\frac{2}{3}\right) = 0.405$ 则在 HVG 复杂网络中对随机时间序列和混沌时间序列过程之间起到了有效边界的作用，并将随机时间序列的稳定状态与混沌时间序列的混沌状态区别分开：$\lambda < \lambda_c$ 表现为混沌时间序列的混沌过程，旅游地复杂系统不稳定且难预测；$\lambda > \lambda_c$ 则对应随机时间序列的相关随机过程，旅游地复杂系统稳定、有序且预测性强；$\lambda = \lambda_c$ 则对应于随机时间序列的不相关随机过程。水平可视图算法在混沌和随机时间序列的检测中具有鲁棒性和可靠性，对于混沌与随机时间序列及噪声系统的检测优于其他常用方法。

水平可视图算法计算简单、原理清晰易懂，且考虑所研究现象的非线性特征，在自然、社会和经济系统被广泛应用，如股票市场指数、汇率、宏观经济指数、人类行为、飓风的发生或湍流系统耗散率，也开始有效地应用于旅游地系统的复杂性特征和演化阶段研究。旅游地系统作为具有强大自组织能力和复杂行为的动态经济系统，采用线性指标或方法，假设系统行为的连续性和高可预测性，通常会与现实相矛盾，甚至会破坏系统。目前常用的社会网络分析法（SNA），收集和分析数据较为困难，并受到特定方法限制，即仅是基于一年的定量和定性分析，创建的也仅是特定时间的"快照"，难以提供旅游地复杂系统演化的整个网络动态变化过程。水平可视图算法将表征旅游地复杂系统行为的时间序列映射成水平可视图网络，运用成熟的网络理论描述旅游地复杂系统随时间变化的整体动态演变过程、系统非线性的复杂行为及可能存在的优先进化路径，为管理和预测系统行为、以某种方式进行有效干预、提高旅游地复杂系统演化能力提供了可能。

4.2　数据来源与处理方法

　　目前，系统科学对复杂系统演化的定量分析主要是对代表系统行为的可观测变量的时间序列进行分析，从而揭示复杂系统演化的过程、状态及其动力学特征。复杂系统演化的动力学特征可以通过以规则的间隔测量某些变量结果来表示，而使用的这个量的选择至关重要（Sainaghi 和 Baggio，2017）。需求在任何企业和行业的生命周期中起着至关重要的作用（Bain，1942），Butler（1980）把观察到的游客运动视为旅游系统动态性特征的测量指标，将接待旅游者人数视为划分旅游地生命周期的重要指标。旅游者的人数、旅游目的地过夜天数或者花费是旅游地常用的可观测变量，通常用于规划和预测旅游地（Athiyaman 和 Robertson，1992）。这些变量的时间序列是旅游系统动态的可测量变量（Kantz 和 Schreiber，1997），被认为是旅游复杂系统需求方（旅游者）、供应方（旅游地基础设施、旅游企业等），以及一些内部和外部经济因素等诸多组成部分相互作用的结果，是旅游地需求的决定因素（Baggio 和 Sainaghi，2016；Baggio，2007；Sainaghi 和 Baggio，2014），受旅游地感知特征的影响，与旅游消费密切相关（Sainaghi，2012），是旅游地复杂系统行为的重要表征。

4.2.1　数据来源

　　本书借鉴 Baggio 和 Sainagh（2011）的采用月度接待旅游人数作为旅

游需求指标，表征旅游地复杂系统动态行为的方法，以上海文旅局官网发布的月度接待旅游者统计人数为研究数据。由于上海文旅局发布的月度接待旅游者统计人数仅包括接待入境游客人数和旅行社接待国内游客人数，本书以《上海旅游年鉴》年度接待入境游客和国内游客的总人数作为补充和验证。本书收集四组的时间序列为：2004 年 1 月至 2018 年 6 月接待入境游客人数 174 个月度统计数据（INT）；2008 年 4 月至 2018 年 6 月接待国内旅行社游客人数 122 个月度统计数据（DOM）；2008 年 4 月至 2018 年 6 月接待游客人数 122 个月度统计数据（Month，接待入境游客人数和旅行社接待国内游客人数总和）；1998 年至 2017 年接待游客人数 20 个年度统计数据（Year，接待入境游客人数和国内游客人数总和）（见表 4 - 1 和图 4 - 2）。

表 4 - 1 1998 ~ 2017 年上海接待游客总人数

单位：万人

年份	入境游客人数	国内游客人数	总人数
1998	152.71	7098.00	7250.71
1999	165.68	7497.60	7663.28
2000	181.40	7848.10	8029.50
2001	204.26	8254.50	8458.76
2002	272.53	8760.90	9033.43
2003	244.71	7603.61	7848.32
2004	481.92	8505.13	8987.05
2005	571.35	9011.94	9583.29
2006	605.67	9683.97	10289.64
2007	665.59	10210.23	10875.82
2008	640.37	11005.67	11646.04
2009	628.92	12360.74	12989.66
2010	851.12	21463.16	22314.28
2011	817.58	23079.17	23896.75

续表

年份	入境游客人数	国内游客人数	总人数
2012	800.40	25093.69	25894.09
2013	757.40	25990.68	26748.08
2014	791.30	26818.10	27609.40
2015	800.16	27569.00	28369.16
2016	854.37	29621.00	30475.37
2017	873.01	31845.27	32718.28

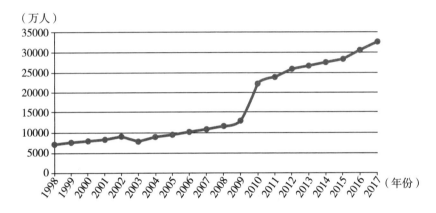

图 4 - 2 1998~2017 年上海接待游客总人数

资料来源:《上海旅游年鉴》。

4.2.2 数据处理

4.2.2.1 数据选取

采用 HVG,利用 Python、Gephi 及 Matlab 等软件编程,将上海接待游客人数的四组时间序列转换成复杂网络,并运用四组复杂网络的度分布指数 $P(k)$ 及率参数 λ 分析上海旅游地复杂系统演化的复杂结构特征。

为了更好地分析网络度分布指数，本书将上海四组时间序列复杂网络分析结果与随机序列（RND）、分形布朗运动序列（FBM）两个随机时间序列和逻辑斯蒂方程（Lgst）、洛伦兹方程（Lorenz）两个典型混沌时间序列进行比较，来考察上海旅游地复杂系统演化动态行为的非线性特征。考虑生成随机性，四组比较时间序列的度分布指数采用10次随机生成结果的平均数，并计算变异系数。

4.2.2.2　数据的具体含义

（1）随机序列 RND（Random Sequence）

随机序列 RND 是由随机变量组成的数列，随机变量 $X(t)$（$t = 1,2,3\cdots$），对于这一组随机变量的时间序列中的每个变量来说，两两之间没有任何关系，系统的输入输出或干扰存在随机因素，具有某种不确定性。随机序列的两个重要特性：一是随机序列中任意个体与序列中其他个体无关，即随机序列中任意两个个体不具有任何相关性。二是在一个均匀分布的随机序列中，任意一个个体出现的概率相等。

（2）分形布朗运动序列 FBM（Fractal Brown Motion）

分形布朗运动序列 FBM 是 1968 年 Mandelbrot 和 Ness 两人提出的一种数学模型，模型被广泛使用。它具有自相似性、非平稳性两个重要性质，是许多自然现象和社会现象的内在特性。分形布朗运动的标度指数 H，也叫 Hust 指数，用 H 表征分形布朗运动的标度特性。布朗运动的粒子位置是时间的随机函数，是归一化独立高斯随机过程，布朗粒子位置增量是 Hust（$0 < H < 1$，称为赫斯特指数）的函数。对于给定 H 指数（$0 < H < 1$），在某一概率空间的随机过程 $B(t)$，需满足：$BH(t)$ 连续，且 $P\{BH(0) = 0\} = 1$；对于任意 $t \geq 0$，$\Delta t > 0$，$\Delta BH(t)$ 服从均值为 0、方差为 $[\Delta t]H$ 的高斯分布；$BH(t)$ 增量具有相关性。经典布朗运动 $H = 0.5$，是完全随机的；$H \neq 0.5$ 时的布朗运动就叫作分形布朗运动（FBM），这时的运动不是完全随机的，具有长程相关性。FBM 是布朗运动的拓展，同时又是理想的不规则扩散和分形随机运动的基础。基于分形布朗运动模型，1991 年，一些研究人员（如 Peters）已经发现金融领域像货币转换率、股票价格等随时间推移的波动序列对应的 Hust 指数 $H \neq 0.5$，这意味着它们变化的过程中具有一种不同于随机行走过程（经典布朗运动）的行为，因此这种序列不是由第 n 个数的值独立于它之前所有数的值的随机过程产生的，相反，它们的变化过程中第 n 个数的值与其之前数的值之间具有一定相关性，也正是分形布朗运动与经典布朗运动的不同之处。

（3）逻辑斯蒂方程 Lgst（Logistic）

Logistic 函数或 Logistic 曲线是一种常见的 S 形函数，亦称抛物线映射，是复杂非线性行为的典型映射之一。它是皮埃尔·弗朗索瓦·韦吕勒在 1844 年提出的，表达动物种群增长与环境条件的制约关系，认为种群可以利用的食物量总有一个最大值，它是种群增长的一个限制因素。种群增长越是接近这个上限，增长速度越慢，直到停止增长。逻辑斯蒂方程表达式为：

$$X_{n+1} = f(X_n, a) = a X_n (1 - X_n) \quad a \in (0,4) \quad X_n \in (0,1) \qquad (4.1)$$

逻辑斯蒂方程是混沌动力学中一个最简单的非线性动力学模型。1963 年，洛伦兹发现确定性系统的随机性行为，并且发现了这种随机行为对初值的敏感性；1975 年，美籍华人学者李天岩和数学家约克发表《周期三蕴含着混沌》的文章，揭示了从有序到混沌的演化过程，这些内容都包含在逻辑斯蒂差分方程中。

（4）洛伦兹方程（Lorenz）

洛伦兹方程是描述空气流体运动的一个简化微分方程组。1963 年，美国气象学家洛伦兹（Lorenz E. N.）进行气象数据模拟时发现，哪怕初始条件的细微改变也会显著影响天气系统最终的运算结果。他将描述大气热对流的非线性偏微分方程组通过傅里叶展开，得到了三个变量的一阶微分方程，由它描述运动中存在一个奇异吸引子，即洛伦兹吸引子。它的方程是：

$$\frac{dx}{dt} = \sigma(y-x) \qquad \frac{dy}{dt} = x(\rho - z) - y \qquad \frac{dz}{dt} = xy - \beta z \qquad (4.2)$$

这一方程组目前已成为混沌理论的经典。

洛伦兹（Lorenz）系统是最典型的混沌系统，由于洛伦兹是世界上第一个从确定的方程中发现了非周期的混沌现象，所以将上述方程一般称为洛伦兹方程。大多数学者将洛伦兹系统作为研究混沌系统首选的研究对象。Lorenz 系统是一个典型的低维确定性耗散系统，它的动力学行为非常不稳定。经一些学者研究发现，在很宽的参数范围内，方程的解会发生无规律的震荡，但却从来不会出现重复，而是保持在一个有界的相空间范围内，这个有界的区域就是奇怪吸引子。奇怪吸引子不是一个点，不是一条曲线，也不是一个平面，而是一个分形维数介于 2 和 3 的分形，在吸引子上的运动是混沌的。此外，洛伦兹在研究的时候发现混沌系统具有一个很明显的特征：对初始条件的极度依赖。具体来说，相空间中相邻的两条轨迹随着时间的推移会呈李雅普诺夫指数形式迅速分离。这一特点决定了对混沌系统进行长期性的预测是无法做到的，因为很小的不确定性会被无限地放大。

4.3 上海旅游地复杂系统演化的复杂网络统计特征

4.3.1 复杂网络的拓扑结构

网络科学得益于图论和拓扑学等应用数学的发展。复杂网络作为描述复杂系统的拓扑结构的一个重要工具，被广泛应用于物理学、社会学、数学和生物学等。复杂网络是一种常见描述对象（节点）之间关系的数据结构模型，一般具有组织性、类似性、较短的平均路径（小世界特性）、无标度中部分或全部性质。

度是描述网络节点特性的重要概念，节点的度是指网络中一个节点的邻边数，节点度分布是网络拓扑的重要特征。许多研究发现无标度网络具有普遍性，现实生活中的大多数复杂网络都是无标度网络。社会网络、生物网络、贸易网络等现实中大量的真实网络存在幂律形式的度分布，具有自组织性、无标度网络特征。无标度网络中节点数量较多，且节点连接符合幂函数分布规律，即网络中小部分节点拥有较大的连接数目，而大部分节点连接数目较少。

1967 年哈佛大学社会心理学家斯坦利·米尔格拉姆（Stanley Milgram）进行了著名的"六度分离"的"小世界"传信实验，1998 年 Duncan J. Watts 和 Steven H. Strogatz 在 *Nature* 上发表了题为《"小世界"网络的群体动力行为》的论文，突破了 ER 理论，进一步推广了六度分离的科学假设，提出了小世界网络（Small World Network，SWN）模型。

Watts 和 Strogatz 指出网络特征路径长度 L 和聚类系数 C，与具有相同顶点数（n）和平均每个顶点边数（k）的随机图进行比较，满足 $L \geqslant L_{rond}$ 且 $C \geqslant C_{rond}$ 时，即为小世界网络。小世界网络介于完全规则和完全随机两个极端之间，具有不完全规则也不完全随机的网络统计特性，不仅是社会网络特性，或许也是自然界许多大型稀疏网络的一种深刻现象。现实世界中的电力网络、演员合作网、蠕虫网、万维网、疾病传播网、交通道路网、电路网、地铁网、知识传播网络等复杂网络都具有小世界效应，具有较高的群聚系数和较短的平均路径长度。小世界网络和随机网络的节点具有大致相同的链接数，即度分布服从均匀或指数分布。小世界效应和无标度网络特性是复杂网络拓扑结构的主要统计特征。

4.3.2 上海旅游地复杂系统演化的复杂网络统计特征

本书运用复杂网络度分布指数评估旅游地复杂系统演化特征，测量旅游地复杂系统演化的网络度分布指数，分析旅游地复杂系统演化的复杂性。

4.3.2.1 小世界网络特性

统计上海旅游地复杂系统四组时间序列复杂网络的平均路径长度（L）与聚类系数（C）（见表 4 - 2），并将其与具有相同节点和边数的同等规模随机网络进行比较。同等规模随机网络平均路径长度（L_{rond}）与聚类系数（C_{rond}）采用十次随机生成结果的平均数并计算变异系数。由表 4 - 2 可知上海旅游地复杂系统四组时间序列复杂网络的网络统计指标满足小世界网络的统计特征，即 $L \geqslant L_{rond}$ 且 $C \geqslant C_{rond}$，且 L_{rond} 和 C_{rond}，且 L_{rond} 和 C_{rond} 的变异系数均小于0.3，表明上海旅游地复杂系统演化具有小世界网络特性。

变异系数：

$$V_\sigma = \frac{\sigma}{X} \times 100\%$$

表4－2　四组时间序列的小世界特性指标

时间序列	L	L_{rond}（变异系数）	C	C_{rond}（变异系数）
Month	5.637	3.677（0.015）	0.588	0.030（0.242）
Year	6.289	3.159（0.155）	0.130	0.119（0.181）
DOM	6.195	3.752（0.021）	0.594	0.031（0.150）
INT	9.390	4.035（0.015）	0.580	0.024（0.251）

4.3.2.2　无标度特征

运用水平可视图算法，将上海旅游地复杂系统四组时间序列的观测值映射到复杂网络，提取网络度分布（见图4－3）。上海旅游地复杂系统四组时间序列复杂网络的度分布及结构特征相似，节点度的累加分布在半对数坐标下都大致呈直线，度分布图中的长尾则表明旅游地复杂系统演化具有自组织和自相似特征。

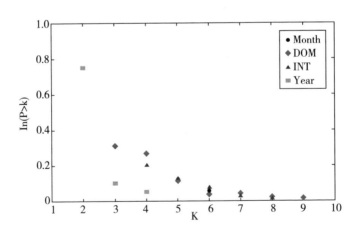

图4－3　Month、INT、DOM 和 Year 时间序列的度分布

为了进一步验证，图4－4（a）、（b）、（c）、（d）采用累积概率分布函数分别对上海旅游地复杂系统的四组时间序列复杂网络的度分布进行描述，四组时间序列复杂网络的度分布拟合幂律分布函数的相关系数 R^2 分别为 0.8149、0.7861、0.8202 和 0.7961；拟合指数分布函数相关系数 R^2 更高，分

别为 0.9728、0.9704、0.9710 和 0.9164，主要表现为指数度分布特征的水平可视图复杂网络，网络度分布表示为 $P(k) = e^{-\lambda k}$。综上所述，上海旅游地复杂系统演化近似无标度网络（幂律分布），网络度分布遵循指数分布形式。

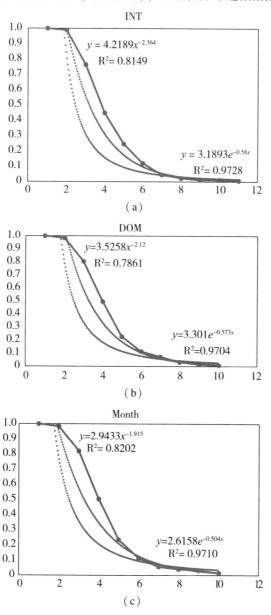

图 4 - 4　度值累计概率分布值

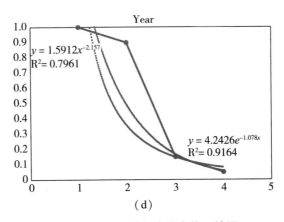

（d）

图 4 - 4　度值累计概率分布值（续图）

4.4　上海旅游地复杂系统演化的复杂结构

　　将上海旅游地复杂系统四组时间序列网络度分布指数与四组比较时间序列进行比较，分析上海旅游地复杂系统演化的复杂网络结构。图4-5将Month 时间序列的网络度分布指数拟合线（斜率）与 RND、FBM、Lgst、Lorenz 序列进行比较，发现 Month 与 Lgst、Lorenz 两个典型混沌时间序列的度分布指数拟合线特征大致相同，具有混沌时间序列的动态行为特征。

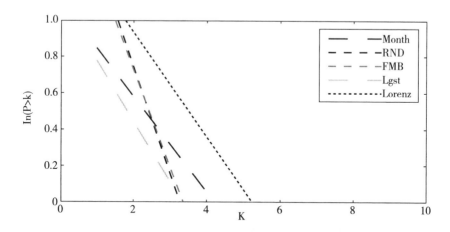

图 4-5　Month、RND、FBM、Lgst 和 Lorenz 度分布指数拟合线比较

　　测算上海旅游地复杂系统的四组时间序列水平可视图网络与四组比较时间序列水平可视图网络度分布指数 λ 及 95% 置信区间，并进行显著性检验，对四组比较时间序列 95% 置信区间进行变异系数计算（见表4-3），根据式（4.3）、式（4.4）、式（4.5），计算得到表4-3。

节点度：

$$k_i = \sum_{j=1}^{N} a_{ij} \qquad i \in [1\ N] \tag{4.3}$$

度分布指数：

$$P(k) = e^{-\lambda k} \quad (k \text{ 表示度}, \lambda \text{ 为率参数}) \tag{4.4}$$

置信区间（95%）公式：

$$\overline{X} = \overline{x} \pm \Delta_{\overline{x}} (\Delta_{\overline{x}} = t \frac{\sigma}{\sqrt{n}},\ t = 1.96) \tag{4.5}$$

表 4 - 3　各组时间序列度分布指数及 95% 置信区间

时间序列	λ 值	置信区间（95%）	变异系数	Sig. （双侧）
Month	0.264	0.022	—	0.000
Year	0.409	0.529	—	0.059
INT	0.201	0.016	—	0.000
DOM	0.298	0.021	—	0.000
RND	0.589	0.051	0.245	—
FMB	0.533	0.124	0.327	—
Lgst	0.331	0.044	0.236	—
Lorenz	0.291	0.058	0.277	—

　　由表 4 - 3 可知，接待旅游者总人数（Month）、接待入境旅游者人数（INT）和接待国内旅行社游客人数（DOM）三个月度的时间序列度分布指数 λ 及置信区间（95%），λ < λ_c(0.405) 表明上海旅游地复杂系统趋于混沌状态；而接待旅游者总人数（Year）年度时间序列的度分布指数 λ 所有差异，相当接近 0.405，表明上海旅游地复杂系统处于混沌边缘区域。Year 时间序列数据较少，网络节点也较少，对网络度分布形式存在一定的影响。与三个月度时间序列分析比较，上海旅游地复杂系统演化状态的结论存在一定程度的时间滞后现象：Year 时间序列网络分布指数 λ 表明上海旅游地复杂系统处于"混沌的边界""混沌的开始"——混沌边缘区域；而三个月度时间序列分布指数 λ 表明上海旅游地复杂系统已

越过混沌边缘，处于混沌状态。另外，由于年度时间序列数据较少，网络度分布数值较少，度分布指数 λ 线性拟合优度也稍差，显著性稍弱（Sig.（双侧）= 0.059）。四组比较时间序列的十次随机生成结果的变异系数不大，均小于 0.35（见表 4－2），表明十次随机生成的四组比较时间序列结果的离散程度较小。RND（相关随机序列）和 FBM（不相关随机序列）水平可视图复杂网络度分布指数 $\lambda > \lambda_c$，Lgst 和 Lorenz 两个典型的混沌序列水平可视图复杂网络度分布指数 $\lambda < \lambda_c$。总体上，上海旅游地复杂系统四组时间序列的分析结论大致相同，都表明上海旅游地复杂系统演化原有秩序已瓦解，正处于一个进入新演化阶段的分岔点。同时也说明 HVG 可用于较少的几十个数据的年度时间序列的复杂网络分析。

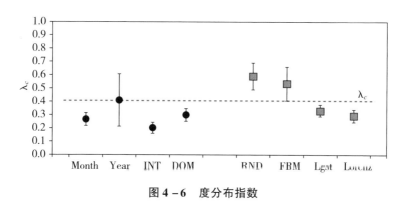

图 4－6 度分布指数

图 4－6 由表 4－1 的数据，将 Month、INT、DOM、Year 时间序列及 RND、FBM、Lgst、Lorenz 时间序列复杂网络的度分布指数 λ 与混沌和随机系统的区别阈值 $\lambda_c = \mathrm{In}\left(\dfrac{2}{3}\right) = 0.405$ 进行比较。时间序列复杂网络的度分布指数 λ 在 λ_c 之上，则复杂系统处于稳定可预测状态；时间序列复杂网络的度分布指数 λ 在 λ_c 之下，复杂系统趋于混沌状态。由图 4－6 可知，Year 度分布指数 λ 基本与 λ_c 持平，Month、INT、DOM 三组月度时间序列度分布指数与 Lgst、Lorenz 两组经典混沌时间序列度分布指数所处的位置大致相同。

在上海旅游地复杂系统的四组时间序列中，Year 时间序列水平可视图复杂网络度分布指数 λ 相当接近 0.405，处于混沌边缘区域；Year 时间序列与三组月度时间序列相比较，网络节点数据较少，对网络度分布形式具有一定影响，分析结论存在一定程度的时间滞后现象，而其他三组时间序列度分布指数 λ 值表明上海旅游地复杂系统演化已越过混沌边缘，处于混沌区域。

综合上海地复杂系统的四组时间序列与四组比较时间序列的分析发现，上海旅游地复杂系统演化目前处于混沌的开始或已进入混沌区域，即处于非平衡态的不具备周期性和其他明显对称性特征的高级有序状态。上海旅游地复杂系统表现为混沌确定性的非线性动力系统，在不断运行的均衡过程中，外部环境引入的外部湍流（物流、资金流、人流、信息流及外部环境变化）导致系统熵产生，使系统处于非平衡状态。上海旅游地复杂系统的时序演化表征为混沌动态行为特征。上海旅游地复杂系统演化处于混沌或混沌边缘、一个快速变化的复杂区域，此时旧的有序、稳定的演化阶段已趋于结束，上海旅游业发展的新属性和结构正逐渐涌现，新的演化阶段正在生成，但还处于未知的不稳定、不可预测的发展状态，有待稳定、高级有序状态的生成。旅游地各级行动者应采取相应的行动决策，分析导致系统混沌状态的主导因素，通过混沌控制，对系统状态进行调控，促进更高级有序态的生成，实现上海旅游地复杂系统健康、有序地发展。

第 5 章

上海旅游地复杂系统
演化过程及特征

本章采用GN模块化算法，判断上海旅游地复杂系统演化复杂网络的社团结构，识别并进一步验证上海旅游地复杂系统演化"转折点"，由此划分上海旅游地复杂系统演化阶段，分析上海旅游地复杂系统演化阶段特征。从上海旅游地复杂系统演化过程转折点的"触发因素"，以及基于兰杰因果关系检验（Granger）分析的系统演化复杂结构两个方面探索上海旅游地复杂系统演化过程的影响因素，进而更好地从网络理论理解旅游地复杂系统演化趋势背后的"力量"，探索影响上海旅游地复杂系统趋势的关键要素。

5.1 上海旅游地复杂系统演化"转折点"

5.1.1 旅游地复杂系统演化"转折点"

复杂系统表示为复杂网络最相关的特征是社团结构或聚类,即簇中节点组织,有许多边连接同一簇的节点,而相对较少的边连接不同簇的节点。这样的簇,或者说群体,可以被认为是一个复杂网络中相当独立的部分。社团内部节点的连接稠密、紧密相连,而与其他社团的节点连接稀疏,社团间的联系并不紧密。社团结构在实际系统中有着重要的意义:在人际关系网中,社团可能基于人的职业、年龄等因素形成;在引文网中,不同社团可能代表了不同的研究领域;在万维网中,不同社团可能表示了不同主题的主页。复杂网络中同一个社团的节点通常具有共同的特征、兴趣和相似的行为(Qiong 等,2018),所划分的每个社团结构内都包含复杂系统的一些连续快照,代表复杂系统演化过程中的同一阶段。在基于时间序列的复杂网络,网络连接是基于观测值的可见性,位于同一周期内的观测值彼此具有良好的可见性。时间序列中的周期在生成的可视图中形成社团,社团内的时间节点具有很高的可见度及高密度和高紧凑性(Zhuang 等,2014)。对于经济商业数据时间序列,具有相同经济动力或同一经济商业周期的节点联系较紧密,在可视图网络形成一个社团(Schumpeter,1934)。对于旅游地复杂系统,同一社团节点则代表旅游地同一生命周期，即旅游地复杂系统演化的同一阶段（Baggio 和 Sainaghi，2016）。

复杂系统映射为复杂网络，系统随时间变化的规律及发展新趋势可以用网络中"发光"的节点来表示。一个节点的影响力与其影响周围节点行为的能力高度相关（Mokryn 等，2016），这些在网络生命周期的特定时间间隔内出现的被称为"星"流行节点，其受欢迎程度可以通过与网络其他节点的链接数量来衡量。"网络星"行为特征研究，可以揭示网络如何随时间演化，影响系统新趋势的机制，探索系统是如何在长时间内进化（Fire 和 Guestrin，2020）的。水平可视图法将旅游地复杂系统映射为复杂网络，基于时间序列观测值的可见性构建网络链接，位于网络社团间的边界节点具有决定时间序列一个周期结束的作用，是时间序列周期的转折点。转折点在时间序列中通常观测值较大，可见度高，介数高，是社团间的中介枢纽，在社团内具有比其他节点更多的链接数量，对周围节点行为有较高的影响力（Zhuang 等，2014），是社团内的"网络星"。对于旅游地复杂系统演化的时间序列，转折点代表时间序列中的"突破"，一个阶段结束，另一个新阶段开始，是旅游地发展过程的重要时间点。研究时间序列映射为复杂网络社团结构及"转折点"，从时序周期波动的微观层面分析复杂系统演化过程特征，探索系统变化趋势背后的机制，指导社会生产、经济实践活动，在经济、建筑、自然灾害等研究领域的国外文献中得到运用。如 Zhou 等（2019）运用可视图算法将时间序列与复杂网络进行桥接，基于所构造复杂网络分析的生命节点识别地铁盾构施工时间序列的"转折点"，揭示地铁盾构施工参数时间序列的波动和动态变化的基本机制，对盾构施工人员和管理人员提出相关建议，以提高盾构掘进的性能、效率和安全性。Zhuang 等（2014）采用可视图对 1973～2012 年发达国家金融市场细分的时间序列进行定量分析，通过检测生成的可视图网络的社团结构，找出影响市场整合的重要事件及它们对市场整合的影响，揭示重要历史事件发生的频率。Liu 等（2020）认为可视图算法能够提供从微观到宏观的系统演化模式，基于可视图法的比特币价格时间序列网络模块化分析其价格波动周期，识别五个模块间边界顶点（转折点）中三个顶点对应于影响价格波动的极端事件，揭示比特币价格市场运行的动力学机制。Charakopoulos 等（2018）采用可视图法生成来自爱琴海和爱奥尼亚海的大气和海洋时间序列变量的模块化，识别大气和海洋系统时序演化的动力学特征和模式，揭示气候动力学的复杂特征。在旅游经济管理领域，也有少量文献涉及。如 Sainaghi 和 Baggio（2017）运用水平可视图生成意大利八个旅游地及两个省域的接待旅游人数时间序列网络模块化图，揭示了旅游季节性变化是影响旅游地生命周期的主要因素。

5.1.2 旅游地复杂系统演化"转折点"识别方法

模块化是网络的属性，是在图论中检测社团的主要方法，也是迄今为止使用最多、最著名的质量函数（Kernighan 和 Lin，1970）。在簇（模块化）中位于模块之间边界的节点有少量的边连接到其他社团，引导着社团之间的关系和交流，起着重要的中介枢纽作用（Csermely，2008）。网络社区的划分可以采用多种方法，比如频谱划分、层次聚类，但它们通常对特定类型的问题表现良好，在一般的情况下表现不佳。本书采用目前最流行的 Girvan 和 Newman 的 GN 模块化算法（Girvan 和 Newman，2002），这一方法开启了社区检测领域的一个新时代，目前已经在各研究领域得到广泛应用，已集成到著名的网络分析程序库中。GN 算法通过计算边的最短路径数得到边介数，并根据边介数度量值大小来确定模块间的边缘，社团间连边的边介数比较大，社团内部边的边介数则比较小，进而识别模块间的边界节点，并通过计算模块度 Q 值判断网络社团的最优划分。该算法较简单，计算速度较快，通过计算以下模块化式（5.1）来标识不同的社区。

$$Q = \sum_i (e_{ii} - a_i)^2 \tag{5.1}$$

其中，e_{ii} 是模块 i 中任意两个节点之间网络中边缘的分数，a_i 是源自它的链路的总分数，以及连接属于不同节点的节点。模块度 Q 值（Modularity）最初是为了定义 GN 算法的停止准则而引入的，是一个归一化数量，其假定值从 0 到 1，其中 0 表示没有模块，1 表示分成完全分离的组。模块化 Q 值越大，表明具有较强的聚类性质，不同模块的定义就越清晰，复杂网络社区结构越明显。该算法在根据网络图拓扑结构迭代计算边介数度量值过程中，为最大限度提高模块化程度，社团边界节点被移动到相邻社团。

5.1.3　上海旅游地复杂系统演化"转折点"的识别

基于观测值可见性连接的水平可视图时间序列复杂网络，模块间转折点介数高、可见度强，在社团内和社团间比其他节点具有更多链接数量，是网络社团结构的"网络星"（Network Stars），代表系统随时间推移而变化的规律及发展趋势。上海旅游地复杂系统演化具有不可逆性，对转换后的上海四组复杂网络进行模块化分析，网络中各节点按时间先后顺序演进，网络中的数字代表系统时间序列的具体时间，不同颜色表示不同结构的社团；识别网络社团间转折点，划分上海旅游地复杂系统演化阶段，分析系统复杂的时序演变趋势，更好地从网络理论理解旅游地复杂系统演化趋势背后的"力量"，探索影响系统趋势的关键要素，揭示旅游地复杂系统的时序进化规律。

Month、INT、DOM、Year 四个时间序列转换后的网络如附图 1 所示。附图 1 展示了由有限数量子网络组成的上海旅游地复杂系统演化过程的模块化结构。网络模块度表示识别社区的系数，数值越高、不同簇的定义越高，表明旅游地复杂系统演化不同阶段的分离越清晰。运用 Python、Gephi 软件编程处理，附图 1（a）～（d）的模块化执行随机分析，直到模块度不再增长为止。网络中的数字代表系统时间序列的时间，构建网络的节点被着色进行模块化划分，相同颜色的节点比其他节点更紧密地聚集在一起，形成相互关联的社团结构。当一个社团"完成"，另一个社团开始时，节点会呈现不同的颜色，来识别上海旅游地复杂系统演化过程的"转折点"，划分上海旅游地复杂系统演化的不同阶段。Month、INT、DOM、Year 四个时间序列的模块度在 0.568 ~ 0.757（见表 5 - 1），表明网络中所识别的不同模块之间具有良好分离，上海旅游地复杂系统演化阶段的划分较好。

表 5 - 1　Month、INT、DOM、Year 的网络模块度

时间序列	模块度 Q
Month	0.724
Year	0.568
INT	0.757
DOM	0.729

Month、INT、DOM 三组月度时间序列水平可视图网络依据网络模块化时间节点，识别转折点年份相同，为 2008 年、2010 年、2013 年和 2016 年；Year 时间序列时间较长，比月度时间序列的转折点增加了 2002 年和 2006 年（见表 5 - 2）。六个"转折点"观测值都位于四组时间序列不同社团周期范围内的较高（低）的峰值处，在结构上与许多其他节点进行交互，对周围节点影响较大。作为社团之间的边界节点，六个"转折点"的介数高，是网络社团间最短传播路径的必经之处，具有很高的中介中间性，在网络中起到连接器枢纽作用。虽然数据来源有所差异，但四组时间序列水平可视图网络划分具有相似的动态变化特征，即上海旅游地复杂系统演化阶段分析结果一致。

表 5 - 2　"转折点"的数值和年份

时间序列	模块时间节点	年份
Month	2008 年 12 月、2010 年 12 月、2013 年 11 月、2016 年 5 月	2008 年、2010 年、2013 年、2016 年
Year	2002 年、2006 年、2008 年、2010 年、2013 年、2016 年	2002 年、2006 年、2008 年、2010 年、2013 年、2016 年
INT	2008 年 4 月、2010 年 10 月、2013 年 10 月、2016 年 11 月	2008 年、2010 年、2013 年、2016 年
DOM	2008 年 12 月、2010 年 12 月、2013 年 4 月、2016 年 5 月	2008 年、2010 年、2013 年、2016 年

5.1.4　上海旅游地复杂系统演化"转折点"的验证

为了验证上海旅游地复杂系统演化过程"转折点"及非线性复杂结构特征，以下截取 Year 和 Month 两组时间序列前后两段进行分析。Year（1998~2013 年）时间序列截取时间从 1998 年至 2013 年，Month（2013年 1 月至 2018 年 6 月）时间序列截取时间从 2013 年 1 月到 2018 年 6 月。

Year（1998~2013 年）和 Month（2013 年 1 月至 2018 年 6 月）两组时间序列水平可视图网络如附图 2 所示，两组时间序列可视图网络社团结构模块度分别为 0.541、0.548，表明识别网络不同社团的分离度比较好。由于时间序列缩短，网络节点减少，Month（2013 年 1 月至 2018 年6 月）时间序列比 Month 时间序列的网络模块度有所降低。Year（1998~2013 年）时间序列水平可视图网络转折点为 2002 年、2006 年、2008 年和 2010 年，$\lambda = 0.289$；Month（2013 年 1 月至 2018 年 6 月）时间序列水平可视图网络转折点为 2013 年和 2016 年，$\lambda = 0.019$。如表 5 - 3 所示，Year（1998~2013 年）和 Month（2013 年 1 月至 2018 年 6 月）两组时间序列与 Month、Year、INT、DOM 四组时间序列对上海旅游地复杂系统演化过程转折点及动态行为特征分析相一致。

表 5 - 3　转折点数值和年份

时间序列	模块时间节点	年份
Month（2013 年 1 月至 2018 年 6 月）	2013 年 11 月、2016 年 5 月	2013 年、2016 年
Year（1998～2013 年）	2002 年、2006 年、2008 年、2010 年	2002 年、2006 年、2008 年、2010 年

5.2 上海旅游地复杂系统演化阶段划分及特征

5.2.1 上海旅游地复杂系统演化阶段

根据表 5－2 上海旅游地复杂系统演化过程的六个转折点，上海旅游地复杂系统演化可以划分为七个阶段（1998～2002 年、2003～2006 年、2007～2008 年、2009～2010 年、2011～2013 年、2014～2016 年、2017 年至今）。

5.2.1.1 第一演化阶段（1998～2002 年）

这一阶段上海从城市特点出发，明确了都市型旅游发展的方向，发展集都市风光、都市文化和都市商业于一体的旅游特色；充分利用人文资源和经济中心城市的优势，充分发挥上海城市新景观和综合功能的条件，吸引国内外游客和旅游投资。2002 年上海旅游业总收入 1182.6 亿元，旅游业增加值 323.87 亿元，占全市 GDP 比重的 6%，旅游业已成为上海国民经济新的增长点，旅游市场初步实现了由入境旅游单点支撑，到国内旅游与出境旅游相互扶持、互补互促的格局。

（1）外部环境子系统

1997 年东南亚金融危机和 1998 年国内大面积水灾引起了上海国内外客源的较大波动。此外，我国口岸城市发展迅速，境外游客可直接抵达的城市增多，对上海的入境中转客源形成部分分流，旅游入境人数年均增长比"八五"期间有所减缓，饭店客房平均房价呈现逐年下滑的趋势。2002年底国内发生"非典"公共卫生事件，使2003年上海入境游客急剧减少，退团增多，旅游经济损失严重，旅游饭店接待客人急剧减少，一些星级饭店客房出租率从80%～90%降至10%～5%。

（2）旅游复杂系统行动者多主体系统

政府：明确上海旅游业发展战略目标，把上海建设成为太平洋西岸具有特色的都市型旅游中心城市。2002年参加国际性旅游展览会，积极组织业内人士赴澳大利亚、日本、德国、新西兰等国家举办一系列海外宣传促销活动；推出"看新上海""购物旅游"等旅游主题产品，在国内各地进行旅游宣传促销；积极创建国家优秀旅游城市，1998～2002年每年9月举办上海旅游节、上海电影电视节等节庆活动，1998年开始举办亚洲地区最大的专业旅游交易会——中国国际旅游交易会，每两年举办一次，吸引国内外千百万人到上海来。

企业：以大型旅游企业集团为龙头，进行集团化重组，扩大了旅游企业的规模、提升了综合竞争能力。1998年原锦江集团与华亭集团资产重组，成立新锦江集团，总资产95亿元，拥有77家旅游饭店，18278间（套）客房，外资饭店32家，世界饭店排名第58位，位居"中国饭店业集团二十强"榜首。此外，上海国旅、新亚等旅游上市企业经营状况良好，一批中外合资和民营旅游企业异军突起，成为上海旅游经济发展的生力军。

非政府组织：2000年上海市旅游协会进行整改与重组，通过了《上海市旅游协会章程》；下设国内旅行社分会、饭店业分会、国际旅行社分会、旅游景点分会、旅游教育分会等多个专业分会，建立并完善了上海旅游质量认证中心、上海旅游统计信息中心、旅游发展研究中心等旅游中介机构，协助政府、协调各分会的旅游行业管理工作。

游客：2002年接待入境旅游者2712.53万人次，其中商务游客占40%以上，1999年达到47%，2002年为40.9%；观光度假游客占

39.1%；1998~2002 年，会议旅游得到了长足的发展，2002 年会议旅游比重增加到 8% 以上，是 1997 年的 2 倍。

当地居民：上海人游上海、看上海正成为上海市民节假日的选择，上海国内本地旅游人数迅速增加。上海已进入以服务消费为特征的新一轮旅游消费阶段，消费能级进一步提高，为上海国内本地游客市场开发提供了新的机遇。

（3）旅游服务设施子系统

旅游服务设施不断优化。2002 年底，上海旅游星级饭店 310 家、客房 51431 间（套），比 1997 年分别增长 144.1% 和 67.2%；形成了浦东两岸、虹桥、龙漕、火车站、大柏树和静安六大饭店群；拥有 17 家国际酒店集团管理饭店、37 家授权特许经营饭店、36 家境外投资饭店，包括法国雅高、美国万豪、美国喜达屋等国际知名酒店管理集团的皇冠、洲际、假日、万豪、万丽、万怡、香格里拉、君悦等 30 个国际品牌。

旅游基础设施方面，航空业成为上海重要的旅游交通方式。截至 2002 年，开通了 88 个国内外城市航线，始发航线 300 余条，最大运力达 7000 万人；上海浦东国际机场一期工程投入使用，与虹桥国际机场一起，上海成为拥有两个国际机场的国际性城市。铁路方面，开通了往返南京、苏州、杭州、无锡、黄山等城市旅游专列。水路方面，每年都有数十艘国际游轮驶抵上海港口。公路方面，形成了高架轨道和道路、越江隧道和大桥，以及地铁、地面道路组成的立体市内交通网络，沪宁和沪杭高速公路与全国交通网络相通。市内开设了虹口、杨浦、黄浦 3 个旅游集散站，22 个旅游咨询服务中心，旅游线路通往 225 个景区点，初步形成了与国际化旅游城市接轨的公共信息服务网络。

（4）旅游吸引物子系统

以都市型旅游为定位，包括都市观光游（外滩景观、东方明珠电视塔等）、都市购物游（南京路、淮海路等商业街）、都市农业游（孙桥、泗径等都市农业开发区）、都市科普游（上海科技馆、上海野生昆虫馆等）、郊区休闲游（大观园、上海影视乐园等）等一系列旅游产品，为不同层次的旅游者提供多元化旅游服务。旅游传统业态蓬勃发展，以上海旅游节、上海国际电影节为代表的节庆假日旅游，成为带动上海旅游消费及相关行业的新经济形态，会展旅游方兴未艾，与工业旅游、农业旅游等新兴业态成为上海旅游业的新亮点。2002 年 200 余个大型国际会议展览在上海举办，会展旅游、商务旅游、休闲度假旅游逐步成为上海都市旅游的重要组成部分。

1998～2002 年，上海依托城市经济和社会发展的大环境，旅游业取得了突破性发展，旅游产业增加值占全市 GDP 的比重由 4.6% 上升至 6.0%，实现了上海旅游业由"外事接待型"向"经济产业型"的转变，旅游地复杂系统迈进新的演化阶段。但总体上，上海大多数旅游企业普遍存在着资产规模相对较小、盈利能力较弱、市场占有率偏低的特点，"小散弱低"仍是上海旅游企业较为普遍的企业形态，国有旅游集团在整体实力上还未能与国际大型旅游集团竞争抗衡。旅游服务软硬件配套建设仍然存在明显的差距，旅游经济总量在城市 GDP 所占比重还不高。

5.2.1.2　第二演化阶段（2003～2006 年）

2003～2006 年，国内接连发生"非典""禽流感"重大公共卫生事件及重大自然灾害，加之复杂动荡的国际局势不利影响，使上海旅游业遭受了较为严重的打击。随着公共卫生事件得以解决，上海旅游逐渐复苏，迎来了全新的发展。2006 年上海接待旅游总人数为 10148.6 万人次，其中接待入境旅游人数 605.67 万人次，国际旅游外汇收入 39.61 亿元，占全国旅游外汇总收入的 11%；接待国内旅游者 9683.9 万人次，国内旅游收入 1419.94 亿元；2006 年旅游总收入 1731.1 亿元，实现旅游增加值 695.06 亿元，占 GDP 比重的 6.8%。2003 年以来，上海举办了一系列旅游节庆活动和世界著名体育赛事，国际旅游、国内旅游、本地旅游等各个层面的旅游区域合作得到不断加强，旅游产业规模不断壮大，产业体系日趋完善，旅游企业集团化建设取得了一定成效，大旅游、大市场发展格局得到推进，旅游业已成为上海现代服务业的重要支柱产业、国民经济的动力型产业和新的经济增长点，国际影响力不断扩大。

（1）外部环境子系统

国内 2002 年末发生的"非典"疫情、2004 年初的"禽流感"疫情，以及 2003 年伊拉克战争等国内外不利因素给上海旅游业带来了沉重的创伤。一方面，随着上海国民经济的高速增长、综合经济实力不断增强、城市环境的优化和城市功能的完善，人均 GDP 突破 7000 美元，使上海旅游业在 2005 年迎来了快速复苏，并进入加速增长期。另一方面，我国服务业积极有序地对外开放，把市场需求潜力较大的旅游服务行业作为重点发展对象，为加快上海旅游业国际化进程，引进国际先进技术和管理经验，提高上海旅游业国际化服务水平，创造了有利的条件。

（2）旅游复杂系统行动者多主体系统

政府：积极抗击"非典"，采取一系列措施，加快疫情后的上海旅游业复苏和振兴。继续加大上海都市旅游形象的宣介力度，围绕"两节三赛"（上海旅游节、中国上海国际艺术节、F1 一级方程式赛大奖赛、世界网球 ATP 大师杯赛、国际田径黄金大奖赛）等一系列会展节庆旅游活动、大型著名体育赛事，在国内外进行重点推介活动，打造上海都市旅游品牌、会展旅游精品。推进旅游与体育、文化、工业、农业等相结合，加快发展体育文化旅游、工业农业休闲度假旅游、"邮轮"旅游经济，创新推广新兴旅游产品，推动上海旅游产品的结构升级，提高上海都市旅游在国内外的认知度和美誉度。逐步完善"两级政府、两级管理"的旅游管理体制，增强政府对旅游公共服务与社会管理职能；积极推进长三角旅游一体化建设，构筑"长三角"旅游圈，形成长三角旅游特色互补、错位发展大格局；加强沪港旅游经济区域合作，为上海都市旅游融入旅游经济全球化提供有利条件。

企业：2006 年 12 月锦江国际集团在香港成功上市，成为中国内地第一家在香港上市的酒店集团，总资产 185 亿元，实现经营收入 260 亿元，成为当时中国最大的综合性旅游企业集团之一；列世界酒店集团 300 强第 29 位、亚洲地区第 1 位，为打造具有世界影响力的旅游企业品牌奠定了良好的基础，推进了上海旅游企业国际化、资产多元化、资本证券化进程。此外，上海国旅、上海航空国旅等一批本地国际旅行社企业，第一次以企业身份主动邀请国外新闻媒体到上海进行参观采访，加大了上海都市旅游在海外宣传的力度，扩大了上海都市旅游的国际影响力。

非政府组织：上海旅游行业协会通过实施旅游企业间的联合促销，取得了集约、共赢的旅游宣传效应。强调行业"服务"，为企业、市民和游客提供信息、技术交流和协调服务；规范行业"自律"行为，优化旅游行业环境，构建行业诚信体系；拓展对外合作交流渠道和区域旅游合作平台，进行上海旅游市场调查工作，推进区域旅游业发展，促进上海旅游环境的改善。

游客：2006 年上海入境旅游中，商务活动占 39.5%，观光旅游占 24.5%，休闲旅游占 15.9%；国内旅游的 36.2% 是观光度假，27% 是商务活动，25.6% 是探亲访友，以这三项为旅游目的的游客分别占上海入境和国内旅游者总数的 80%。入境旅游方面，日本旅游市场逐步复苏，韩国旅游市场呈震荡下滑趋势；欧美国家过夜入境旅游人数增幅明显高于亚洲各地区，其中俄罗斯增幅最大。

当地居民：上海市民积极参与上海旅游节、上海国际艺术节等旅游节庆和会展项目活动，弘扬"弄堂"等老上海的传统民俗文化，提升上海都市旅游的文化内涵。2006 年上海国内旅游本地游客达到 2357.33 万人次。

（3）旅游服务设施子系统

旅游住宿服务产业规模不断扩大，发展水平不断提高，行业管理水平不断提升，饭店国际化竞争格局日益显现。2006 年上海拥有旅游饭店 511 家，其中星级饭店 317 家，各类社会旅馆 4420 家，住宿业整体经济效益提升，增加值达到 122.5 亿元。以锦江国际为龙头的国有大型旅游集团国际影响力明显提升，列全球酒店集团排行榜第 22 位，成为当时全国最大的酒店集团。社会旅馆投资多元化，经济型酒店快速扩张，2006 年上海经济型连锁酒店达到 187 家，2.29 万间客房。如家、锦江之星、莫泰 168、格林豪泰、速 8 等八家连锁旅馆在上海新开 46 家酒店，新增 8416 间（套）客房。经济型酒店的迅猛发展，满足了不同层次商旅游客的多元需求，大大提高了上海住宿业的接待能力。

旅游服务功能配套设施进一步完善，全市已拥有 5 个旅游集散中心的旅游专线发车点，142 条旅游线路，通达 260 处景区；完成"三纵三横"旅游信息网络构架，旅游信息系统逐步完善，初步形成上海城市旅游功能性服务框架；另外，旅游市场管理法制化、旅游企业管理标准化和旅游人才国际化水平得到明显提高，上海国际化旅游都市素质全面提升。

基础设施方面，2006 年上海加快推进国际航运中心建设，拥有全球 12 个航区航班，开通了 100 余条国际和地区航线；城市交通运营能力不断增强，建成 26 个客运交通枢纽，581 千米高速公路通车里程；浦东国际机场扩建工程等重大城市基础设施相继建成投入运营，提升了上海市内外旅游交通的便捷度。

（4）旅游吸引物子系统

全市拥有 440 多处旅游景区，旅游产品结构更趋完善、成熟，都市旅游发展格局初步确立。在发展传统观光旅游、度假旅游等系列旅游产品基础上，以"节"兴市、以"会"兴市，创新都市旅游产品，会展、体育旅游取得较大发展，成为上海国民经济的助推器和旅游新亮点。上海已成为中国的会展中心城市，正朝着亚洲，乃至世界的新兴会展城市方向发展。

2003 ~ 2006 年，克服国内外不利因素影响，上海旅游业在经历短暂"阵痛"之后，进入了快速发展阶段。政府开始转变职能，企业市场竞争力不断增强，以"两节三赛"为主的一系列会展节庆、大型体育赛事丰富了上海都市旅游内涵，提高了上海都市旅游形象，推动旅游业发展跃升一个新台阶。但旅游国际化程度仍不高，入境游客人数及旅游外汇只有香港的 1/5，新加坡的 1/4。旅游产业自主创新能力不足，综合效应未充分释放，旅游市场秩序尚未全面规范，旅游供给与日益增长的游客多元化需求还存在矛盾，旅游业对上海城市经济的驱动作用未能全面显现，旅游发展综合环境有待持续改善。

5.2.1.3　第三演化阶段 (2007~2008 年)

这一阶段，上海确立了建设世界著名旅游城市的目标。上海作为承接 2008 年北京奥运会赛事的城市，借助奥运会盛会及即将于 2010 年举办的世博会，进一步拓展都市旅游内涵，优化旅游产业结构，提高旅游产业素质及效益，强化城市旅游服务功能，提升旅游业自主创新能力，增强旅游国际竞争力，加快旅游业国际化进程，推动了上海旅游地复杂系统的演替。2008 年上海接待旅游总人数 1.1646 亿人次，其中入境旅游者 640.37 万人次，国内旅游者 1.10 亿人次，实现旅游总收入 2060.31 亿元。都市旅游成为上海建设国际大都市的重要途径和形象品牌，促进了上海国际大都市建设，改善了城市设施及服务质量，上海城市形象的国际知名度和旅游市场的开放度不断提高，形成了国际、国内旅游共同繁荣的局面。

（1）外部环境子系统

国际环境总体相对稳定，经济全球化成为国际旅游业发展的强大推动力量。2008 年，国际金融危机、国际政治关系的波动，国内南方雨雪灾害、四川地震自然灾害对上海国际旅游和国内旅游都带来了一定程度的影响。一方面，借助 2008 年北京奥运和 2010 年上海世博会，上海旅游业以"服务奥运""服务世博"为契机，使上海旅游业跃升新的台阶。另一方面，上海建设现代服务业集聚区所带来的产业集群、功能集聚和城市形象塑造的综合效应，有力地推动了上海旅游产业集聚；长三角区域经济联动发展、国内居民旅游需求的持续增长，为上海旅游产品多元化开发、市场规模的扩大等提供更大发展空间。

（2）旅游复杂系统行动者多主体系统

政府：转变职能，弱化旅游业对行政管理手段的依赖，加速上海旅游业市场化发展。推出迎奥运、世博会一系列旅游活动，政府、企业、社会三方合力,在日本、美国、韩国等国家进行海外旅游专题推介,打造上海世界著名旅游城市形象,培育和创新会展、节庆、体育、科技等新兴旅游产品和市场。加快现代服务业集聚区建设,出台扶持乡村旅游发展、开拓新兴入境旅游市场的相关政策,加深上海旅游业与现代服务业融合,构建上海大旅游发展格局。帮助创新型和优势旅游企业定向集聚,推动旅游产业横向拓展;加快实施品牌战略,鼓励旅游企业以品牌为核心开展产业整合和资本运作,以产品及服务品牌为核心提高旅游市场占有率。加强国际旅游合作交流,与伦敦、马德里、大阪、釜山等国际旅游城市进行旅游开发合作,建立中美旅游联动发展长效机制;全方位拓宽长三角区域旅游合作,编印苏浙沪旅游交通图、旅游手册。建立旅游信息平台,推进旅游诚信体系和旅游公共服务体系建设。

企业:旅游企业核心竞争力持续增强,注重品牌价值提升和品牌建设,企业品牌效应显著,旅游服务质量提高,游客满意度提升。上海"锦江"企业集团品牌竞争力增强,"锦江酒店""锦江旅游""锦江投资""锦江股份"实现营业总收入76.38亿元,位居"2008中国500最具价值品牌排行榜"第52位。此外,上海衡山集团、上海东湖集团,以及上海航空国际旅游集团、上海春秋、上海中旅国际社等酒店集团和旅行社服务质量、专业化水平不断提高,品牌影响力持续提升。

非政府组织:星级饭店评定、制定及行业规范性标准的执行等职能开始由上海旅游行业协会及相关中介组织行使。协助政府建设旅游行业诚信系统网,组织企业参加各类展示会、交易会,协调政府、企业、社会及跨省市的旅游宣传促销活动;着力于旅游品牌建设,组织本地居民和游客进行旅游名牌服务产品评比与宣传活动,提高旅游品牌影响力和知名度;联合浙、苏、皖、沪、赣等地旅游行业协会,共同举办旅游咨询推介活动,扩大长三角旅游合作交流,促进区域旅游一体化发展。

游客:2008年,上海接待入境旅游者640.37万人次,其中商务游客占35.1%,观光游客占28.2%,休闲度假游客占14.8%,参加会议人员占13.8%;接待国内游客总人数10210.23万人次,包括外地游客

7766.49 万人次，其中华东地区游客占 66.7%，而江苏、浙江、安徽游客占到55.5%，旅游目的仍以观光度假（36.9%）、探亲访友（25.1%）和商务（24.1%）为主。接待过夜入境旅游者人数虽保持增长，但增幅变缓。从客源国（地区）结构分析，欧美和东南亚客源市场比较平稳，港澳台客源市场相对活跃，日本、韩国客源市场呈下滑态势；国内旅游增长放缓，客源结构有所变化，近短程及本地旅游者比重提升。

当地居民：2008 年上海本地游客达到 2443.74 万人次。上海旅游节以"人民大众的节日"为定位，吸引了广大上海市民积极参与各项巡展活动；上海国际音乐烟花节、上海玫瑰婚典、浦江彩船大巡游等旅游节庆活动也吸引了众多上海市民参加。

（3）旅游服务设施子系统

住宿业方面，2008 年上海拥有旅游饭店 519 家，客房 94334 间（套）；绿色饭店 57 家，其中 8 家金叶级绿色饭店；实现营业总收入 192.50 亿元。受国内自然灾害和国际金融危机的影响，旅游饭店客房出租率和房价有所下降。

旅游基础服务设施方面，上海围绕奥运、世博需求，不断提升城市旅游服务功能，推进城市旅游接待、旅游咨询及交通集散功能建设。旅游信息系统不断完善，上海旅游信息咨询服务功能持续提升；长三角公共信息服务平台的建立，实现了旅游信息的共通、共享。旅游产业化与信息化的融合，使上海旅游网络营销市场规模以 20% 的增长速度进一步扩大。交通基础设施投入加大，沪宁、宁杭高速城际铁路开工；2008 年 3 月上海浦东国际机场扩建工程建成并启用，航空运输保障能力大幅提升；城市轨道交通建设进展有序，实现上海长江隧道上行线贯通，优质、便利、高效的一体化旅游交通体系初步形成。上海城市旅游集散功能日益增强，主要乡村旅游景区点实现旅游交通线连通。2008 年上海港国际客运中心投入运营，年客运量达 600 万人次，邮轮经济快速发展，硬件设施不断完善。

（4）旅游吸引物子系统

截至 2008 年底，上海拥有 440 多处景区（点），包括 2 家国家 AAAAA 级旅游景区，26 个红色旅游基地，19 个全国工业旅游示范点，18 个全国农业旅游示范点。观光旅游仍是上海都市旅游的主要产品，都市景观更趋丰富多样化；休闲度假产品众多，包括都市主题街区、园林景观、农家乐等各具特色的休闲度假产品；节事旅游更趋国际化和大众化，每年举办的上海旅游节、上海国际音乐烟花节等节庆活动，本地居民和国际化参与度不断提高；会展旅游产品更加成熟和完善，2008 年亚洲规模最大的专业性国际旅游盛会——中国国际旅游交易会在上海举行，促进了中国与各国旅游业界的交流与友好合作；更多国内外著名体育赛事落户上海，受到越来越多的游客和本地市民的喜爱；购物旅游环境持续改善，形成了一批著名品牌聚集区、旅游休闲区、精品商业区等商旅文结合的旅游消费综合集聚区。此外，水上旅游、乡村旅游、红色旅游、工业旅游等专项旅游产品进一步丰富和完善。

2007 ~ 2008 年，以奥运、世博为契机，上海旅游业不断提升自主创新能力和国际化发展水平，拓展都市旅游内涵，全面提升旅游产业素质，实现了旅游业又快又好发展，推动了旅游地复杂系统向前演替发展。但在旅游产业竞争力、国际吸引力、品牌影响力方面与国际旅游大都市相比，上海还存在较大差距。此外，旅游消费结构还处于粗放型增长方式，存在旅游产业结构不平衡、产业融合度不高、产业链还不完善、旅游企业主体还不强大、旅游产业创利能力较弱的问题。

5.2.1.4 第四演化阶段（2009 ~ 2010 年）

2010 年上海举办了"成功、精彩、难忘"的世博会，在国内外采用多种形式和渠道宣传、促销世博旅游，深度开发世博旅游市场，取得显著成效。截至 2010 年底，上海接待游客 2.23 亿万人次，其中入境游客 851.12 万人次，入境过夜游客 733.72 万人次，国内游客 2.1 亿人次。受益于世博旅游，国内游客人数快速增长，首次突破 2 亿人次大关；国外入境游客人数虽然保持一定程度增长，但受国际金融危机影响，增速有所放缓。截至 2010 年底，上海拥有各类旅馆约 6700 家，其中旅游星级饭店 298 家，旅行社 1037 家，国家 A 级旅游景区 61 家，全国工、农业旅游示范点 38 个，红色旅游基地 30 个，旅游集散站 6 个，旅游咨询服务中心 45 个。2010 年实现旅游业总收入 3053.23 亿元，其中国内旅游收入 2522.94 亿元，旅游外汇收入 64.05 亿美元，旅游产业增加值 1360.8 亿元，占 GDP 的比重为 8.1%，旅游业已成为上海国民经济的支柱性产业，在社会、经济、文化、民生等方面发挥了重要作用。

（1）外部环境子系统

2009 年国际金融危机和甲型 H1N1 流感疫情给上海旅游业带来了一定的冲击，同时面临国内旅游经济运行压力加大，国内消费信心不足、国际旅游需求急速下滑、旅游企业经营困难加剧的严峻考验。2009 年 12 月，国务院出台《关于加快发展旅游业的意见》，首次提出旅游业是"国民经济的战略性支柱产业和人民群众更加满意的现代服务业"，把旅游业从国民经济的重要产业和新增长点提升到国民经济的战略性支柱产业和第三产业发展重点，赋予了旅游业引领国民经济转变发展方式的重要使命，前所未有地为上海旅游业发展提供了坚实的政策支持。

（2）旅游复杂系统行动者多主体系统

政府：围绕世博主题，在宣传促销、市场开拓、设施建设、服务质量、游客保障、旅游安全等各方面做了大量工作，在全球范围内初步树立了上海世界著名旅游城市的国际形象。继续加强旅游产业与相关产业深度融合，创新旅游产品，推进旅游重大项目建设，完善旅游公共服务体系，不断提升长三角旅游一体化水平，强化国际旅游合作与交流，形成了都市旅游新格局。举办"世博旅游大篷车""全球百城世博旅游推广月""全国百城世博旅游宣传推广周"等 10000 多场世博宣传推广活动，动员 2000 多家海内外主要新闻媒体宣传报道，在全球重点旅游市场掀起世博旅游宣传热潮。与美国华特·迪士尼公司正式签署协议，上海迪士尼项目于 2010 年正式启动；进一步创新和开发旅游节庆活动，形成上海旅游节等具有国际影响力的旅游节庆品牌；有效推进佘山国家旅游度假区、吴淞国际邮轮港、苏州河观光游览等建设改造项目；丰富工业旅游产品内涵，逐步树立文化旅游品牌，加快农旅一体化步伐，新型旅游业态蓬勃发展。突破行政划分界限，加强长三角城市间的区域旅游合作与交流，借助世博舞台加强与世界各国的国际旅游合作。加快旅游集散中心建设，建立健全旅游应急机制，提升旅游服务水平，旅游业已发展为促进上海社会和谐的民生事业。

企业：旅游行业集团化加速发展，大型旅游集团在市场中发挥重要作用，成为旅游行业的龙头中坚力量；中小旅游企业得到蓬勃发展，旅游就业岗位层次、种类愈加丰富，旅游企业就业功能进一步显现。2010年，锦江国际集团成功收购美国洲际集团，企业国际竞争力进一步加强；携程旅行网开创了全新的互联网和传统旅游业结合旅游服务模式，成为当时全球市值第二的在线旅行服务公司。

非政府组织：开展形式多样的世博推广活动，参与承办由沪、苏、浙政府部门及100多家旅游企业参与的迎世博大型旅游咨询宣传活动；组织各类世博服务专题培训，进行"迎世博"旅游行业突发事件应急演练，提高应对突发事件的能力；倡导文明观博旅游，推进旅游行业"上海名牌"建设；为旅游企业与国内外旅游同行提供合作交流平台，促进国际旅游合作与区域旅游一体化发展。

游客：2010年，上海接待入境旅游者首次突破850万人次，入境过夜旅游者733.72万人次，旅游外汇收入64.05亿美元，其中，观光旅游占36.1%，商务活动占35.1%，休闲度假占12.7%，参加会议占8.8%；外国客源普遍增长，日本、美国、韩国游客数量位列前三，马来西亚、泰国、加拿大、印度尼西亚、澳大利亚、法国等国入境过夜游客人数增幅都超过50%，港澳台游客增幅较大。国内旅游接待游客总人数2.15亿人次，市场增速呈大幅提升态势，其中，外地游客1.13亿人次，华东地区游客占59.1%；观光度假和世博会参观占53.7%，探亲访友占23.4%、商务活动占15.5%。世博会对入境旅游和国内旅游市场影响显著。

当地居民：2010 年上海共接待本地居民游客达 1.02 亿人次。以社区、街道为主体的群众文化生活参与到上海旅游节表演活动中，30 多对本地新人参与上海玫瑰婚典节庆活动，上海旅游节在本地居民城市文化生活中担任越来越重要的角色。

（3）旅游服务设施子系统

2010 年底，上海共有各类旅馆 6679 家，客房 33.4 万间，床位 55.7 万张。其中旅游饭店 597 家、客房 113968 间，包括星级饭店 298 家、客房 65064 间。旅游饭店营业收入总计 250.87 亿元，年平均出租率为 67.22%，全市旅馆行业为世博游客提供了优质服务，积极推进了节能环保工作，5 家饭店获得中国饭店金星奖。

交通基础设施方面，立体化、多元化综合交通枢纽体系基本形成，提升了上海城市综合交通能力。虹桥综合交通枢纽建成投入使用，成为世界上较大的综合交通枢纽之一，集城际铁路、轨道交通、高速公路、地面公交、出租汽车、民用航空等多种交通方式于一体，日客流量达 110 万人次，是继德国法兰克福机场和法国戴高乐机场之后，同时拥有机场和高铁运行的世界第三个交通集散中心。2010 年沪宁高铁、沪杭高铁相继开通，进一步增强了长三角地区同城效应。此外，市内新建改建了 40 个旅游咨询服务中心，为国内外旅游者提供咨询、信息、投诉等专业便捷的旅游服务，旅游公共服务体系不断完善。

（4）旅游吸引物子系统

全市共有 600 余家各类景区（点），其中 61 家国家 A 级旅游景区，实现营业收入 26.71 亿元。旅游产业规模不断扩大，产业地位不断提升，产业空间不断扩展，新兴景区（点）不断涌现，初步实现了上海旅游大空间整体布局。

世博园成为 2010 年上海最精彩、最具人气的景区，形成集会展、商务、休闲、时尚、商业、旅游功能于一体的主题旅游休闲区，推动了上海多圈层、多流向、多中心的全新旅游格局形成。外滩、淮海路、南京路等传统文化特色旅游街区综合服务功能更趋完善，佘山旅游集聚区、环淀山湖区域旅游及奉贤海湾度假区集中发展，带动了上海城郊旅游快速发展。会展业加速发展，举办会展数量居全国首位，收入占全国总量的 50%；上海已成为我国会展业的强大引擎和集聚地，并向世界级会展旅游城市迈进。都市旅游新兴业态——邮轮旅游迅猛发展，出入境邮轮游客占全国六成以上，迈出了邮轮产业"本土化"的第一步。都市景观、观光产品、休闲度假、水上旅游、购物旅游、工业旅游、乡村旅游等各类旅游产品围绕世博主题更加形式多样、丰富多彩。

2009～2010 年，上海世博会的成功举办，推动了上海与长三角城市旅游产业化、市场化、城镇化、国际化水平的全面提升，带动以上海为中心的长三角都市圈旅游业的全面融合发展，推动上海旅游地迈向新的发展阶段。但在旅游体制机制上，部分旅游企业创新能力不足，参与市场竞争意识不强，难以适应日益激烈的市场竞争态势。"世界著名旅游城市"的旅游目的地形象，在国内外的知名度、影响力和招徕力还不强；在产业结构、旅游新业态方面，与国际著名旅游城市还存在很大差距，传统景区转型升级步伐较慢，缺乏外资、民资及其他社会资本参与的重量级旅游重点项目支撑。

5.2.1.5 第五演化阶段（2011～2013 年）

上海以"驱动创新、转型发展"，加快旅游产业的融合、转型和升级，优化旅游环境，加强市场规范与管理，提升旅游服务质量。围绕"体验海洋，游览中国"等主题口号，加大邮轮旅游、创意文化、休闲度假、体育健身等新产品开发力度。2005 年接待旅游总人数 2.67 亿人次，其中入境旅游者 757.4 万人次，国内旅游者近 2.6 亿人次，实现旅游总收入 3407.11 亿元，旅游产业增加值 1400.8 亿元，占全市 GDP 比重的 6.5%。

（1）外部环境子系统

全球范围内，发达经济体复苏疲软，新兴经济体增长动能减弱、人民币持续升值，入境旅游成本上升。许多国家将加快发展旅游业作为战略决策，世界旅游业发展重心逐步东移，各国旅游业在 GDP 中所占比重不断提高，旅游产业与其他产业融合发展趋势日益明显。从国内看，2013 年《中华人民共和国旅游法》和《国民旅游休闲纲要》颁布，大众化旅游发展日趋明显，旅游发展外部环境进一步优化，旅游业已成为产业投资热点领域，新产品、新业态不断涌现；旅游在线服务、网上预订、网络营销、网上支付等业务在全国迅速展开，"智慧旅游"成为旅游业新的增长点。成功举办世博会带来的无形资源，成为推动上海社会经济发展的现实优势，为提升上海旅游业能级带来了重要契机。

（2）旅游复杂系统行动者多主体系统

政府：印发《关于加快上海旅游业发展建设世界著名旅游城市的意见》，以创新为动力，产业融合为抓手，优化会展、邮轮等新兴业态空间布局，实现了旅游重点区域平衡有序发展，旅游市场秩序日趋规范，旅游公共服务体系不断完善，旅游拉动消费成效显著。

2012 年国内首个中国邮轮旅游发展实验区在上海设立，2013 年举办了首届邮轮旅游节，上海港年邮轮客流量首次突破百万人次大关，邮轮旅游成为上海新兴旅游业态的增长点。创新推出外滩文化漫步旅游产品，积极推进体旅、文旅、农旅、金旅融合发展；加快佘山国家旅游度假区、世博园区、浦江两岸等旅游重点区域、重点项目建设；依托网站、微博等新媒体，探索利用重大赛事平台进行推介工作；做好"上海旅游节"等重大节庆活动工作，进一步挖掘整合资源，提升传统旅游品牌影响力；扶持大型龙头企业集团延伸产业链做大做强，鼓励中小旅游企业联合发展提升能级；推进 80 个市内旅游信息服务点建设，提升旅游公共服务效能；组织"讲诚信、促发展"诚信活动，强化行业诚信服务，改善旅游市场环境。

企业：旅游企业竞争力日益提升，中小旅游企业规范服务、联合发展、能级提升；集团龙头企业产业链不断延伸，资产规模日益雄厚；旅游房车客车、游艇游船、户外游憩装备等以旅游商品生产为主的旅游新兴制造企业得到大力发展。锦江国际集团实现了以酒店业、旅行社业和客运物流业为核心产业，2013 年实现营业收入 538 亿元，形成"锦江"辐射效应，品牌战略布局日趋成熟，成为中国最大规模的综合性旅游企业集团。2013 年携程网获得《福布斯》"最佳中小上市企业""中国最佳客户体验奖"等称号，将线上与线下资源结合，向 1.41 亿会员提供休闲旅游与商务旅行服务，2013 年实现营业收入 53.87 亿元。

非政府组织：承担了上海旅游饭店星级、旅行社等级及游览船星级评定工作，受理全市四星级、五星级旅游饭店，AAAA、AAAAA 级和出境及外资旅行社、游览船星级的评定申请和复核工作。与东方网合作，继续推进行业诚信建设，保障旅游行业公平竞争，协调企业与政府、社会的关系，发挥了纽带与桥梁的作用。

游客：2013 年上海接待入境旅游者 757.4 万人次，入境过夜旅游者 614.09 万人次，其中商务活动占 32.2%，观光旅游占 25.1%，休闲度假占 17.8%，参加会议占 13.5%，会议游客比例不断上升。入境外国游客降中趋稳，日本、韩国、美国三大客源过夜旅游人数呈下降趋势，欧洲各国呈增长态势，东南亚各国则有升有降，港澳台入境旅游则逐步企稳。国内旅游接待游客 25990.68 万人次，呈继续增长态势，其中外地游客 11368.66 万人次，华东地区游客占 54.1%，观光度假占 38.0%，探亲访友占 26.3%、商务占 25.4%。

当地居民：2013 年上海接待国内本地游客 14 622.02 万人次。在"2013 上海房车、邮轮游节"活动中，上海市民成为参与主体，近距离感受邮轮、体验房车。此外，推出首届"上海大学生旅游节"，开展市民"快乐步道"公益行等一系列大众广泛参与的活动。

（3）旅游服务设施子系统

2013 年底，上海拥有旅游饭店 638 家，客房 12 万余间，营业收入 258.13 亿元，年平均出租率 60.37%，全市绿色饭店 249 家，创建低碳践行饭店 54 家，9 家饭店获得中国饭店金星奖。国内唯一设有专属登机安检通道和值机柜台服务的最便捷登机豪华酒店——中航泊悦酒店和洲际酒店及度假村品牌的亚洲首家、全球第六家历史经典酒店——上海瑞金洲际酒店开业，酒店业的国际化服务水平不断提升。

基础服务设施方面，上海空港成为全球第七个客运量达 8000 万人次数量级城市，航班网络覆盖率基本达到国际大型枢纽机场水平；上海站口岸成为国家一级开放口岸，与外滩国际邮轮码头、浦东国际机场等水运、航空口岸构成上海"海陆空"立体式口岸大格局；宁杭、杭甬高铁建成通车，形成了以上海、杭州、南京为中心的长三角"1～2 小时生活圈"；旅游信息服务点基本实现街道社区文化活动中心全覆盖，旅游咨询服务接待量首破 400 万大关，智慧旅游、智慧城市、旅游信息服务建设再上新台阶。

（4）旅游吸引物子系统

邮轮旅游方兴未艾，游艇产业初具雏形，成为上海旅游业发展的新亮点。全市国家 A 级旅游景区达到 88 家，上海国际旅游度假区规划批复，上海迪士尼奇幻童话城堡正式动工，规划建设 21 座郊野公园。继续打造"四季上海"旅游品牌，按季节推荐上海当季特色旅游产品，展示以上海旅游节为代表的旅游节事活动；推出了一系列旅游与文化、体育、商业融合的创新型旅游产品，优化旅游购物环境，进一步丰富都市旅游的内涵。长三角会展业总部落户青浦——中国·梦谷基地，建设国家级会展产业示范区，提供会展服务平台，延伸会展产业链，发挥了上海会展业的集聚辐射效应。

2011～2013 年，邮轮旅游快速发展，成为上海旅游地复杂系统演替的主要驱动力。旅游产业结构更加合理，旅游产业链不断延伸，产业国际化水平不断提高。但对于建设世界著名旅游城市的目标还有一定差距，旅游产业融合和业态创新动力仍然不足，旅游企业国际竞争力还需加强，各类城市旅游节庆、赛事活动的国际化、市场化和特色化还需不断提高，上海城市品牌形象影响力、辐射力有待提升。

5.2.1.6　第六演化阶段（2014～2016 年）

这一阶段，上海以迪士尼主题乐园开园为重大契机，对标世界一流，以打造世界级旅游资源为核心，坚持创新驱动、提质增效，拓展旅游发展空间，促进"城旅一体、全域发展"继续扩大上海城市旅游形象国际影响力。2016年，全市旅游总收入3877.55亿元，其中国内旅游收入3443.93亿元，旅游外汇收入65.30亿美元，旅游产业增加值1689.70亿元，占全市GDP的比重为6.2%；接待入境旅游者854.37万人次，其中入境过夜游客数达690.43万人次，国内旅游者29620.60人次。

（1）外部环境子系统

旅游业发展全球化趋势日益突出，我国《"十三五"旅游业发展规划》颁布，我国旅游供给侧结构性改革取得突破，各地积极推进"旅游+"，旅游产业融合深度发展，旅游业正从"景点旅游"向"全域旅游"转变。"长江经济带""一带一路""长三角区域一体化"等国家战略为上海旅游业发展提供了重要机遇。

（2）旅游复杂系统多主体行动者子系统

政府：编制《上海市旅游业改革发展"十三五"规划》、"上海市城市总体规划旅游专项规划"，明确将其打造成为具有全球吸引力的旅游产品体系、具有全球竞争力的旅游产业体系、具有全球配置力的旅游市场体系，建成具有全球影响力的世界著名旅游城市。以上海迪士尼开园为契机，鼓励各城区及旅游企业开展各类迪士尼营销活动，做大做强迪士尼产业，加强佘山等国家旅游度假区多元化发展，旅游节庆会展品牌地域、文化、时代特色不断提升，推动上海从单一的观光、休闲向观光、休闲、度假、商务、会议并重转型。深入推进邮轮旅游发展，加快"区港联动"制度创新，强化邮轮行业规范建设；推动各城区全域旅游示范区建设，上海大旅游产业格局基本形成。加强旅游宣传推广多元化，开展"中美旅游年"等市场推介活动，实现长三角旅游品牌和公共服务的一体化塑造和建设。健全"互联网+"公共服务体系，完善社区旅游咨询服务功能和旅游市场综合监管机制，加快旅游标准化建设，优化市场环境，倡导文明旅游，不断提高游客满意度，提升旅游公共服务水平。

企业：旅游企业规模和实力持续提升，携程旅游、锦江国际、春秋国旅、景域集团成为中国旅游业 20 强企业。旅游企业品牌效应不断增强，"春秋"商标被认定为"中国驰名商标"，6 家旅游行社获"卓越"品牌荣誉。2016 年锦江国际集团成功收购法国卢浮酒店集团、铂涛集团、维也纳酒店集团股权，战略投资法国雅高酒店集团，跨国经营战略向前迈进一大步，位列全球酒店集团第八位，国际竞争力、影响力不断提高。

非政府组织：2016 年 1 月由上海铁路国际旅游集团、浙报传媒·旅游全媒体中心和旅游时报社共同发起组建的"中国（长三角）高铁旅游联盟"正式成立。该联盟围绕长三角地区高铁沿线城市需求，开发旅游资源、推广各类主题旅游产品，进行长三角高铁旅游区联动推广活动，建立高铁旅游服务中心体系，搭建长三角旅游海外推广平台，为游客推出高铁落地自助旅游服务体系。

游客：2016 年上海接待入境旅游者 854.37 万人次，入境过夜旅游者 690.43 万人次。受美国、欧洲经济有所好转，亚太地区经济保持稳定增长等影响，上海入境旅游市场逆境中开始反弹，亚太地区游客数量增长较快，港澳台游客数量稳步恢复。国内旅游接待游客 2.96 亿人次，呈继续增长态势。其中外省市来沪游客 14679.73 万人次，平均在沪逗留 3.14 天，人均消费 2130.57 元，呈逐渐增长趋势。

当地居民：2016 年上海接待国内本地游客 14 941 万人次。上海籍青年演员胡歌被聘任为"上海旅游形象大使"，参加"一带一路""中美旅游年"和上海旅游节等旅游节庆活动及推介会，宣传上海旅游形象，增强了本地居民参与上海旅游宣传意识。上海本地居民参与旅游宣传及游乐活动热情不断高涨，"乐游上海"首届上海市民旅游知识大赛举办，参与市民逾 100 万人次。此外，上海旅游节联合各城区，组织市民开展"微游上海"活动，推出特色主题徒步线路，市民参与度不断提高。

（3）旅游服务设施子系统

2016 年底，上海共有旅游饭店 238 家，6.03 万间客房，9.02 万个床位，实现星级饭店营业收入 20261.13 亿元，客房平均出租率 68.1%。面对日益激烈的市场竞争，许多饭店依据自身条件开展特色化、差异化经营，满足游客多元化、多层次需求。自主品牌袖珍主题酒店"海上小喔"倡导低碳环保理念，面积虽小，但设施一应俱全，在上海发展到8家酒店，出租率常年达105%以上，成为上海住宿行业的一个新亮点。

旅游交通基础设施网络和功能不断完善。2016年上海机场年客运量达1.06亿人次，成为继伦敦、纽约、东京之后全球第五个航空客运量突破1亿人次的城市；吴淞口国际邮轮码头建成，2016年接待国际邮轮509艘，邮轮旅客吞吐量289.38万人次，邮轮旅游基础配套设施日益完善。智慧型公共服务体系基本成型，市旅游气象中心成立，旅游集散点网络覆盖上海及周边城市主要景区景点，旅游服务信息化、智能化、便利化水平全面提升。

（4）旅游吸引物子系统

2016年6月16日上海迪士尼乐园开业，拥有探险岛、米奇大街、明日世界、奇想花园、宝藏湾、梦幻世界六大主题园区，上海玩具总动员和迪士尼乐园两座主题酒店，是中国内地首座迪士尼主题乐园；截至2016年底，迪士尼乐园接待游客高达560万人次，外地游客占75%，成为对国内外游客极具吸引力的国际化新兴旅游景区，是国内外游客来沪和上海市民休闲度假的首选地。此外，通过整合旅游资源、创新旅游产品，形成了水上旅游、购物旅游、文化旅游、农业旅游等"旅游+"十大系列产品，开发了赛事观光之旅、历史文博之旅等新线路。

2014～2016年，迪士尼主题乐园开业，使上海接待旅游者人数再次呈现大幅增长态势，游客过夜天数延长，旅游消费增加，带动了上海旅游全产业链增长，真正实现了上海旅游业从单一观光向观光、休闲、度假并重的旅游发展方式转变和转型升级，上海旅游地复杂系统再次迈进了新的演化阶段。但对于具有全球影响力的世界著名旅游城市仍有一定差距，旅游产业促进、综合监管等方面还需要积极探索开拓，旅游企业发展质量和规模还亟待提高，旅游行业管理型、技能型人才仍较为缺乏，整体素质仍有待提高。

5.2.1.7　第七演化阶段（2017 年至今）

2017 年以来，上海在旅游空间布局、产业规划、机制保障、服务配套等方面取得了显著成效，世界著名旅游城市建设取得较好的阶段性成果。旅游产业对城市经济社会发展贡献率不断提升，"旅游＋"大产业融合发展格局基本形成，国际化全球旅游目的地形象基本树立，安全、规范、有序的旅游环境初步形成。2017 年上海接待国际入境游客 873.01 万人次，其中过夜游客 719.33 万人次；接待国内游客 31845.27 万人次，其中外省游客 15523.29 万人次；旅游总收入 4485 亿元，其中入境旅游外汇收入 68.10 亿美元，国内旅游收入 4025.13 亿元；实现旅游产业增加值 1888.24 亿元，占全市 GDP 的比重为 6.3%。

（1）外部环境子系统

2017 年以来，上海旅游业发展面临前所未有的机遇。全球正在进入"旅游时代"，世界各国纷纷将大力发展旅游业作为增强综合竞争力的战略决策。国内 2017 年人均 GDP 超过 8800 美元，旅游消费需求将呈现爆发式增长；旅游业发展政策环境不断优化，"一带一路""长江经济带"等国家战略实施，有效带动了旅游者跨国家、跨地区的流动，旅游业迎来了黄金发展期。以物联网、云计算等新信息技术为代表的大数据平台、"互联网＋"产业，促进了智慧旅游快速发展；在"旅游＋"产业融合新模式下，不断涌现旅游新业态。上海国际金融、贸易、经济、航运中心和现代化国际大都市的新一轮城市建设，为旅游业发展带来了新的契机。

（2）旅游复杂系统多主体行动者子系统

政府：下发《关于促进上海旅游高品质发展，加快建成世界著名旅游城市的若干意见》，制定《上海市休闲农业与乡村旅游设施布局规划》；实施旅游规划机制创新，推动"景区旅游"向"全域旅游"模式转变。借助 F1 中国大奖赛、上海旅游节等体育、节庆、会展活动，创新升级都市旅游产品，提升传统商圈能级，构建"大旅游、大市场、大产业"产业格局。打造世界级黄浦江旅游商业休闲区，有序推进崇明世界级生态岛建设等旅游重点项目，提高黄浦江城市旅游品牌国际吸引力，提升旅游产业供给多元化水平。举办 2017 亚太邮轮大会、上海邮轮旅游节等活动，对接"一带一路"，培育邮轮旅游产业链，创新邮轮经济服务模式。举办上海世界旅游博览会、中澳旅游年等展会推介活动，继续扩大"四季上海"品牌影响力；加强与"一带一路"沿线旅游城市合作交流，树立上海旅游资源和城市形象。加快"上海旅游信息管理与发布平台"和"上海旅游大数据科创基地"建设，落实景区视频共享，完善"互联网"信息化服务设施，2017 年接待市民游客咨询 600 余万人次，旅游公共服务品质不断提升。进一步升级旅游行业监管平台，规范旅游市场秩序，做好旅游咨询投诉及安全应急工作，推进体育旅游、会展旅游等新兴旅游业态的标准化建设。

企业：上海申迪、上海世博发展、复星、上海交运、上海久事等集团加快布局旅游板块，旅游企业集团规模不断扩大。2018 年上海锦江集团完成了对丽笙酒店集团（原卡尔森酒店集团）的收购，标志着国际第二大酒店集团易主锦江国际，锦江国际集团进入全球发展新阶段，逐步迈向世界知名酒店管理公司；同时引入"互联网＋共享经济"理念，整合全球行业资源，对标国际一流，代表国家、代表上海参与全球合作竞争，服务上海打造世界著名旅游城市。

非政府组织：融合国家战略，推进长三角地区协同发展，为企业搭建信息交流平台，完善协会各项制度，积极推进依法治会，倡导安全、文明、品质、诚信旅游，着力发挥行业自律作用。协助旅行社做好 2018 年首届中国国际进口博览会服务工作，依托长江旅游推广联盟，联合重庆、湖北、陕西、江苏、云南等省市举行"长江之歌"等大型旅游宣传推广活动。

游客：2017 年上海接待入境旅游者 873.01 万人次，入境过夜旅游者 719.33 万人次，平均逗留天数 3.3 天/人，旅游外汇收入 68.10 亿美元。从外国客源来看，日本游客过夜游客最多，其次为美国；除韩国和菲律宾游客人数下滑外，其他各国游客呈不同程度增长。从增速来看，泰国游客数量增长最快，其次是澳大利亚、马来西亚。国内旅游 2017 年接待游客31845.27万人次，旅游收入 4025.13 亿元，呈继续增长态势。

当地居民：2017 年上海接待国内本地游客 16 322 万人次。上海旅游节继续突出"人民大众的节日"的办节宗旨，推出"上海市民游上海"活动，以"阅读建筑"为主题，引导市民游客以步行方式感受上海建筑魅力，吸引了 1215 万市民游客积极参与。

（3）旅游服务设施子系统

2017 年底，上海拥有旅游饭店 229 家，5.88 万间客房，8.85 万个床位，实现星级饭店营业收入 212.85 亿元，客房平均出租率 68.8%。上海迪士尼开业及会展场所多分布浦东，使浦东新区成为上海拥有酒店数量最多的城区。由于土地成本持续上升，上海新开业酒店多以 100 间及以下的小规模酒店为主，其次是 300 间以下的中小规模酒店。经历 12 年、投入 20 亿元的上海佘山世茂深坑酒店于 2018 年底正式建成营业，该酒店利用多项现代科技技术，将一个废弃的采石深坑建成彰显"融于自然"风格的休闲、度假、娱乐一体化的现代高科技酒店，与迪拜帆船酒店一起堪称"世界十大建筑奇迹"，被评为"人类伟大工程"代表，成为上海城市旅游的新地标。

城市旅游交通、公共服务能级不断提升。2017 年上海机场年客运量达 1.1 亿人次，航线网络通达 47 个国家或地区的 297 个通航点，航空枢纽建设不断推进。继续完善邮轮基础设施，新建吴淞口国际邮轮港客运大楼；邮轮旅客吞吐量 297.3 万人次，成为亚洲第一、全球第四的国际邮轮母港；在机场、高铁站启动"邮轮直通车"服务，提升邮轮港服务水平。智慧型公共服务体系日趋完善，形成旅游公共服务中心、社区服务站和地铁服务点的旅游集散三级站点网络；建立以旅行社、酒店、景点为重点的旅游安全和应急网络，率先在全国实施 A 级景区游客最大承载量管理。

（4）旅游吸引物子系统

"迪士尼效应"继续强化，带动周边旅游业迅速发展，房车旅游、民宿休闲、体育旅游等新兴产品兴起；"本土第一、世界精品"的黄浦江旅游休闲区沿江两岸开放，崇明世界级生态岛、佘山国家旅游度假区、陆家嘴等区域旅游能级不断提升，世博园区、临港地区、徐汇滨江、深坑酒店等国际化旅游新地标不断涌现；中国邮轮旅游发展实验区持续提升能级，上海旅游节、上海邮轮旅游节等节庆、会展、旅游活动精彩不断，基本形成"处处是景、时时宜游"的全新局面。

2017 年以来，上海旅游发展突出都市旅游核心，实施全域旅游战略，深化旅游业改革创新、转型升级，具有全球影响力的世界著名旅游城市建设取得了阶段性成果。但对标世界旅游最高标准、最高水平，仍有不小的差距。旅游供给与市场需求仍存在差异，旅游供给的品质、发展层次与规模，还有待提高；旅游企业依托新技术、新平台，提升服务品质、效益等创新升级方面还需提升；旅游市场秩序与游客的品质旅游需求还有差距；面对自助游、自驾游等发展迅猛的大众化旅游方式，旅游区的交通可达性、便捷度及服务水平及配套设施还需要进一步提升和完善。国际旅游与国内游发展不均衡，入境游市场仍需进一步开拓。

根据以上分析可知，采用 HVG 方法划分旅游地复杂系统演化阶段与传统生命周期理论有所不同，其识别旅游地复杂系统演化过程的"转折点"更为"敏感"，更"细粒度"，从而对上海旅游地复杂系统演化阶段划分也显得更为"频繁"。但也正因由 HVG 识别系统演化过程"转折点"的"细粒度"，相比传统生命周期而言，则更易发现"触发"旅游地复杂系统演化阶段"跃迁"的微观主导因素，从而寻求促进旅游地复杂系统不断向前进化的动力要素。由此，既有利于政府部门制定行之有效的旅游发展策略，又有利于旅游企业快速调整自身行为策略以适应系统趋势发展，使政府、企业等旅游地行为者共同攻克旅游地发展的"瓶颈"期，推进旅游地复杂系统向高层次演替。

5.2.2　上海旅游地复杂系统演化阶段特征

纵观上海旅游地复杂系统演化的七个阶段（见表 5 - 4），演化过程表现为系统混沌吸引子"跃迁"的过程。上海旅游业发展各个演化阶段的目标及确立的旅游目的地形象,是旅游地各级行动者目标利益集成的表现,是旅游地复杂系统演化的方向,代表了上海旅游地复杂系统演化的"混沌吸引子"。混沌吸引子发生"跃迁"的系统主要表现为,上海旅游业发展过程中旅游产业结构的优化,旅游规模能级的提升,旅游业态的创新,旅游营销、品牌辐射力的增强;旅游公共服务品质、监管环境的优化等。每一次旅游地复杂系统演化阶段的"跃迁",发挥主导作用的旅游地行动者的行为都有所不同。

表5-4 上海旅游地复杂系统演化阶段特征

演化阶段	混沌吸引子	系统特征(产业结构、规模、业态、环境、营销)	主导行动者
1998~2002年	太平洋西岸都市型文化旅游中心城市	旅游总收入1182.6亿元,产业增加值323.87亿元,占GDP的6.1%,实现"外事接待型"向"经济产业型"转变,成为国民经济新的增长点。主要以都市旅游观光产品为主,商业、休闲旅游逐步成为都市旅游重要组成部分;会展、工业、农业旅游新兴业态得到一定发展;旅游营销以赴外举办活动为主,上海旅游节、中国旅游交易会等节庆、会展活动开始举办,形成全新的都市旅游品牌	政府行为主导
2003~2006年	世界新兴会展城市、国际化旅游都市	旅游总收入1731.1亿元,产业增加值695.06亿元,占GDP的6.8%,都市旅游发展格局初步确立。注重旅游业与工业、农业、文化等产业相结合,传统观光旅游、工业农业休闲度假旅游、会展旅游进一步发展;通过"两节三赛",创新旅游产品,打造上海都市旅游品牌和会展精品,加快会展旅游、体育旅游发展,"邮轮"旅游开始启动,推动旅游产品结构的升级,丰富都市旅游内涵	政府行为为主导,旅游企业集团得到实质性发展

续表

演化阶段	混沌吸引子	系统特征（产业结构、规模、业态、环境、营销）	主导行动者
2007～2008 年	形成世界著名旅游城市基本框架	旅游总收入 2060.31 亿元，产业增加值 1007.68 亿元，占 GDP 的 6.9%。以"服务奥运""迎世博"为契机，推动旅游产业集聚，提升旅游自主创新能力，增强旅游国际竞争力。都市旅游成为上海建设大都市的重要途径和形象品牌，但仍以观光旅游产品为主。节庆会展旅游更趋向国际化；休闲旅游产品日趋丰富；购物旅游环境不断改善；工业旅游、红色旅游等专项旅游产品进一步完善，形成国际、国内旅游共同繁荣的局面	政府行为为主导，行政手段逐步弱化；旅游企业集团品牌影响不断提高，但主体还不强
2009～2010 年	初步树立世界著名旅游城市的国际形象	旅游总收入 3053.23 亿元，产业增加值 1360.8 亿元，占 GDP 的 8.1%，成为上海支柱产业，在社会、经济、文化、民生等方面发挥重要作用。集会展、商务、休闲、时尚、商业、旅游功能于一体的世博园建成，推动了上海多中心、多流向、多圈层旅游格局的形成。围绕世博的工业、文化等专项产品不断升级，邮轮旅游、农旅等新型旅游业态蓬勃发展，形成一批具有国际影响力的城市旅游品牌，上海正向世界级会展旅游城市迈进，旅游产业化、市场化、国际化水平全面提升	政府行为为主导，旅游企业行为为辅，大型旅游集团成为行业龙头，中小旅游企业蓬勃发展
2011～2013 年	建设集都市观光、时尚购物、商务会展、文化旅游、休闲度假的国际旅游目的地及集散地于一体的世界著名旅游城市	旅游总收入 3407.11 亿元，产业增加值 1400.8 亿元，占 GDP 的 6.5%。以"创新驱动、转型发展"为主旨，大力发展邮轮旅游，成为上海新兴旅游业态的新增长点；延伸会展旅游产业链，集聚辐射效应不断加强；优化会展、邮轮新兴业态空间；注重旅游与相关产业的创新融合，打造"四季上海"城市名牌，智慧旅游、旅游信息服务等旅游公共服务品质日益提升，形成以旅游业为核心的服务经济为主的产业结构	政府与企业行为并重，企业集团龙头实力日益雄厚，发挥重要作用

演化阶段	混沌吸引子	系统特征（产业结构、规模、业态、环境、营销）	主导行动者
2014～2016 年	基本实现建设世界著名旅游城市目标	旅游总收入 3443.93 亿元，产业增加值 1689.70 亿元，占 GDP 的 6.2%。以"融合、创新、提升、服务"为发展要求，以迪士尼开园为契机，做大迪士尼产业，突出上海都市旅游发展核心，大力创新旅游产品，形成"旅游+"十大系列产品，邮轮、会展、赛事、节庆旅游等新型业态能级不断提升，旅游市场环境不断优化，实现了上海从单一观光、休闲向观光、休闲、度假、商务、会议并重的旅游产业发展方式转变和转型升级，逐步形成"大旅游、大产业"的发展格局	企业适应性主体行为与政府创新性主体行为相互作用更加有效，旅游产业、企业国际竞争力日趋增强
2017 年至今	具有全球影响力的世界著名旅游城市	旅游总收入4485亿元，产业增加值1888.24亿元，占 GDP 的 6.3%；迪士尼项目溢出带动效应显著，房车旅游、民宿休闲新兴产品兴起；"本土第一、世界精品"的黄浦江旅游休闲区、崇明世界生态岛等众多由外资、民资及社会资本参与的具有国际性吸引力的重点项目不断涌现；"四季上海"等旅游节庆品牌国际影响力不断提升；旅游产业供给、公共服务国际化能级不断增强，旅游"大旅游、大市场、大产业"的产业融合格局基本形成，并由"景区旅游"向"全域旅游"发展格局转变	企业行为开始发挥主导作用，以政府行为为辅，起到引导、服务、协调作用

5.3 上海旅游地复杂系统演化 "转折点" 及复杂性的影响因素

为了更好地解释上海旅游地复杂系统演化过程，以下从演化过程 "转折点" 的 "触发因素" 和系统演化复杂结构两个方面分析，探索上海旅游地复杂系统演化过程的影响因素。

5.3.1 上海旅游地复杂系统演化过程 "转折点" 的 "触发因素"

2002 年、2006 年、2008 年、2010 年、2013 年、2016 年六个 "转折点" 发生的年度，上海旅游业都相应发生了较大的重要事件（见表 5 - 5）。除 2002 年底全国暴发 "非典" 疫情重大公共卫生事件（2002 年底是 "非典" 酝酿期，2003 年上海旅游接待人数增长 - 13.11%，属 "断崖式下跌" 转折，非增长性突破，转折点定位于 2002 年）、2006 年由多项重要事件产生综合效应外（这两个转折点是由年度时间序列网络产生，模块度相对较低），其他四个演化转折点都是由上海发生的旅游重大事件而 "触发"。由此推断，系统内外部的重要事件对转折点起到了 "触发" 作用，对上海旅游地复杂系统演化过程产生重大影响。政府作为重要事件的主要推动者和举办者、旅游地复杂系统的适应性主体，学习创新能力的提升在旅游地复杂系统演化阶段的跃升过程中起到了 "推进器" 作用。2016年上海迪士尼开业后，上海旅游地复杂系统的主体系统内部关系由"政府主导"向"企业主导，政府引导"转变，旅游企业在上海旅游地复杂系统演化中开始显现主导地位，充分发挥了市场主体和机制作用，成为未来推动上海旅游地复杂系统演替发展的重要力量。

表5-5 "转折点"年度发生的重大事件

年份	事件
2002	2002年底全国"非典"疫情暴发，2003年上海接待国际和国内旅客人数呈明显下降趋势
2006	多项世界级体育赛事举办，中国旅游交易会及上海旅游节等节庆活动发展为国际性大型旅游节，上海向国际性大都市迈进，接待国际和国内旅客人数呈明显上升态势
2008	2008年北京奥运会，上海举办了9场足球赛事，接待国际和国内旅客人数呈显著增长趋势
2010	举办上海世界博览会，上海虹桥综合交通枢纽投入使用，接待国际和国内旅客人数都呈迅速大幅增长态势
2013	举办首届邮轮旅游节，中国邮轮旅游发展实验区发展效应显著，邮轮旅客人数突破百万人大关，出入境旅游者增长120%
2016	上海迪士尼开业，上海向世界著名旅游城市迈进，"购物天堂"被进一步带动，接待国际和国内旅客人数再呈明显增长趋势

5.3.2 上海旅游地复杂系统演化复杂结构的影响因素

分析作为上海旅游地复杂系统演化动态行为表征的接待游客人数构成成分，探索上海旅游地复杂系统演化复杂结构的影响因素，以达到调控系统演化的目的。采用 Eviews 6 进行格兰杰因果关系检验（Granger），分析旅游地接待旅游者人数的时间序列中，各构成部分对总序列的不同贡献。格兰杰因果关系检验是评估时间序列之间相互作用方向特征的常用方法，通过计算 F 统计量表示时间序列各构成部分与总序列的关系强度（F 值越高，贡献强度越大），对各构成部分在总序列的贡献大小进行排序。如表 5-6 所示，上海接待国际入境旅客人数所占比例为 3.44%，F 值为 19.44；国内旅客人数所占比例为 94.56%，F 值为 18.68，表明国际入境旅游和国内旅游对上海旅游地复杂系统演化动力行为的影响相当。

表 5-6   国际及国内旅游各构成序列 Granger F 统计值
和 95% 置信区间度分布指数

构成	百分比（%）	F 值	λ 值	置信区间（95%）	Sig.（双侧）
国际旅游（INT）	3.44	19.44	0.2009	0.0168	0.000
新加坡	3.18	41.38	0.2083	0.0559	0.000
英国	2.68	23.40	0.0805	0.0648	0.000
德国	3.74	20.30	0.2789	0.0612	0.000
澳大利亚	2.55	13.06	0.0762	0.0583	0.049
加拿大	2.37	11.22	0.1018	0.0640	0.029
法国	2.66	10.65	0.0287	0.0596	0.010
韩国	9.12	7.73	0.0631	0.0559	0.032
日本	15.12	6.93	0.1327	0.0640	0.019
美国	9.94	3.74	0.4387	0.0578	0.010
国内旅游（DOM）	94.56	18.68	0.2987	0.0214	0.000
本地游客	42.34	19.69	0.4091	0.2050	0.059
外地游客	57.66	20.43	0.1099	0.1500	0.037

如表 5-6 所示，国际旅游主要影响国的排序及网络度分布指数 λ 值，国际入境旅游方面，美国的度分布指数 $\lambda > \lambda_c$（0.405），旅游需求处于有序、稳定的可预测状态之外；其他八个国家 λ 值 $< \lambda_c$（0.405），表明接待入境旅客人数的原有秩序趋势被打破，旅游需求处于"无序中的有序"的混沌高级有序状态，处于新的旅游需求有序趋势正待生成的复杂区域。国内旅游方面，接待本地游客和外地游客 F 值相差不大；本地游客 λ 值接近 λ_c 值（0.405），旅游需求处于原有秩序尚未完全瓦解、新秩序正待生成的混沌边缘；而外地游客 λ 值小于 λ_c 值（0.405），旅游需

求原有秩序已瓦解，处于新秩序还未稳定的不可预测的混沌复杂区域。因此，国际旅游主要影响国及国内旅游外地游客旅游需求处于新秩序尚未稳定的混沌状态，这是影响上海旅游地复杂系统演化复杂结构的重要因素。

因此，应采取一系列措施对上海入境旅游和国内外地游客市场进行混沌控制。目前世界经济复苏依然存在不稳定因素，人民币汇率的波动、国际政治关系诸多因素变化给国内外旅游需求带来了一系列影响、一系列不确定因素，对上海旅游业快速发展带来诸多不利影响，增加了国际国内旅游市场拓展的难度。充分利用各类国际性营销平台，对国际旅游主要影响国采取一系列海外宣传推介营销活动，提升旅游产品和服务的国际化水平，从而扩大入境旅游市场规模，稳定入境旅游市场。近年来，我国出境旅游迅速发展，对上海国内外地游客市场造成了一定的冲击，出现了不稳定的波动现象。为此，要密切跟踪国内外旅游市场发展的热点和新兴领域，提高上海旅游创新能力，通过产业、市场、服务、组织等创新激发旅游业发展的活力，加快上海旅游产业结构调整和升级，稳定上海国内外地游客市场；同时提高适应上海本地游客市场需求的能力，满足本地游客持续增长的休闲、度假、康养等旅游需求，促进上海旅游地复杂系统新的高级有序态的生成。

第 6 章

上海旅游地复杂系统演化机制

本章阐述了上海旅游地复杂系统行动者主体进化三个阶段：自然选择主导的单主体行动阶段、学习适应主导的多主体互动阶段和自主创新主导的多主体网络阶段。上海旅游地复杂系统行动者主体进化遵循低等到高等、被动到主动的过程，是从单主体行动到多主体共同演化，从适应到适应与学习（创新）并存，由政府主导发展到企业主导、政府引导，旅游地行动者之间的关系则从集聚到网络的过程。上海旅游地复杂系统演化动力主要表现为上海旅游地复杂系统适应性主体间的非线性作用、上海旅游地复杂系统适应性主体与内部其他子系统间的非线性作用和上海旅游地复杂系统适应性主体与外部环境子系统间的非线性作用。

6.1 上海旅游地复杂系统行动者主体的进化

上海旅游地复杂系统的演化实质是旅游地行动者作为微观行动的适应性主体，环境适应能力的不断增强，创新能力的不断提升，表现为系统适应性主体的进化。政府、企业、非政府组织、本地居民和游客作为上海旅游发展行动者，能够主动探测外界环境及内部其他子系统的变化，检测自身内部状态、结构、行为方式，根据自身偏好和目标及所搜集到的环境信息，对外界变化做出适应性调整，并对环境产生相应影响；这种调整过程具有记忆性和学习进化的特点，反映出对环境变化的适应性，具有适应性主体所具备的适应性、学习性特征。政府、企业、非政府组织、本地居民和游客通过彼此之间的交互和通信将自身变化传递给其他子系统乃至外界环境的交互作用过程中，不断地"学习"或"积累经验"，形成一种涨落机制，在系统宏观层面逐渐生成系统结构层次多样性和功能结构多样化。当处于混沌边缘时，系统将产生更高层次的"涌现"行为，从而实现系统从混沌到有序的秩序性跃升、从简单到复杂的层次性跃升。

上海旅游地复杂系统行动者主体的进化遵循从低等到高等、由被动到主动的过程，是从单主体行动到多主体共同演化，从适应到适应与学习（创新）并存，由政府主导发展为企业主导、政府引导，旅游地行动者之间的关系则是从集聚到网络的过程。适应性主体的进化推动了上海旅游地复杂系统混沌吸引子的"迁跃"。根据上海旅游地复杂系统演化的七个阶段，分析政府、企业、非政府组织、本地居民和游客作为系统适应性主体的行为进化，各个演化阶段主导的行动者主体及进化机制，以此判断上海旅游地复杂系统适应性主体在系统演化过程中所处的个体微观行为进化阶段。上海旅游地复杂系统行动者主体进化主要分为1998～2006年、2007～2011年和2012年至今三个进化阶段，上海旅游地复杂系统行动者主体进化行为主要表现如下①：

6.1.1 第一进化阶段：自然选择主导的单主体行动阶段

6.1.1.1 1998～2002年演化阶段

这一阶段主导行动者主体是以政府自然选择为主导，以各主体单一行动为主。主体行动者进化行为表现为：

政府：1998～2002年，每年9月举办上海旅游节，每两年的11月举办中国国际旅游交易会；1998年上海被评为"中国优秀旅游城市"；1997～2002年，市旅游委参加国际性旅游展览会几十次，组织业内人士赴日本、德国、美国等国家进行旅游宣传促销；2001年10月，成功组织接待APEC会议；2002年3月苏、浙、沪在上海举行联席会议，推进三地旅游市场发展。

企业：1999年11月，锦江集团、华亭集团完成国有资产重组，总资产达95亿元；2000年3月，新亚集团与上海食品集团进行国有资产重组，总资产达52亿元。

非政府组织：2000年在上海市旅游管委会指导下，进行整改与重组，成为了独立法人，下设6个分会。

游客：入境旅游外国人，亚洲人占60%以上，欧洲人占20%左右；

---

① 资料来源：《上海统计年鉴》《上海年鉴》。

日本人排第一位，韩国人、美国人次之；商务、观光、度假游客占 80%
以上。

居民：上海人游上海、看上海成为市民节假日的选择。

6.1.1.2　2003～2006 年演化阶段

这一阶段主导行动者主体是以政府自然选择为主导，适应学习为辅，
各主体间互动较少，企业集团得到实质性发展。主体行动者进化行为表
现为：

政府：2003 年 4 月，市旅游委要求旅行社严格执行《上海市人民政
府关于进一步加强传染性非典型肺炎防治工作的通告》；2003 年 6 月，市
旅游委在上海旅游集散中心正式启动上海市内旅游；2003 年 7 月市旅游
委赴日举行上海旅游宣介会，首次将上海国际艺术节作为旅游节庆产品
向日本推出，消除"非典"影响，尽快恢复日本客源市场；2003 年 7 月
举办"长三角旅游城市'15 + 1'高峰论坛"，发表《长三角旅游城市合
作宣言》，提出打造中国首个跨省市无障碍旅游区；2004 年 2 月第一届世
界旅游资源博览会在上海新国际博览中心举行；2004 年 3 月《上海市旅
游条例》正式实施；2004 年 9 月 F1 中国大奖赛落户上海，每年举办一
次，吸引了大量游客；2005 年上海成功举办了上海国际田径黄金大奖赛、
大师杯网球总决赛等 17 大项 33 次国际性赛事，引起了世界的关注；
2004～2006 年 3 月、4 月、9 月、10 月，分别举办上海桃花节、上海国际
茶文化节、上海旅游节、中国上海国际艺术节；2006 年开拓了新的节庆
文化活动，共举办了 12 个各类国际性节庆专题活动。

企业：2004 年初，上海国旅完成上海锦江旅游公司、上海新亚国际
旅行社资产收购，更名为"上海锦江国际旅游股份公司"，注册资本 1.33
亿元；2004 年 4 月，丽星邮轮旅行社上海有限公司作为外商独资旅行社
被批准设立；2004 年上海国旅、上海航空国旅和上海中旅国际接待日本、
俄罗斯等国家媒体团 5 批，第一次以企业身份自主邀请国外新闻媒体来
沪采访；2006 年锦江之星、如家快捷、莫泰 168、速 8、假日快捷等 8 家

经济型酒店快速发展；2006 年 12 月，锦江国际集团在香港主板上市，注册资本 20 亿元，总资产 185 亿元，成为中国内地第一家在香港上市的酒店集团、中国最大的综合性旅游企业集团之一。

非政府组织：组织企业参加各类旅游交易会、展会及行业联谊活动；协助外地旅游企业来沪举办推介会；编写《上海旅游年鉴》；进行旅游饭店星级评定、国家 A 级景区复核、旅行社年检等工作；开展各类行业诚信服务活动。

游客：入境旅游迅速发展，游客在沪逗留时间延长，开始呈现从数量型增长向效益质量型增长转变的趋势；主要客源国日本逐步复苏，韩国震荡下滑；欧美游客过夜入境旅游人数增幅高于亚洲地区。国内外省市来沪旅游者快速增长。

居民：本地游客人数迅速增长，参与节庆会展活动，弘扬老上海传统民俗文化。

6.1.2 第二进化阶段：学习适应主导的多主体互动阶段

6.1.2.1 2007～2008 年演化阶段

这一阶段主导行动者主体是以政府学习适应为主动力，各主体间开始产生互动作用；政府行政手段对市场影响逐渐弱化；旅游企业集团在政府扶持下品牌影响力不断提高，但主体还不强，以自然选择行为为主。主体行动者进化行为表现为：

政府：2007～2008 年 4 月举行上海国际茶文化节、龙华庙会、中国国际奖励旅游及大会博览会；9 月举行上海旅游节、上海购物节、上海国际烟花节、玫瑰婚典等节庆活动；2008 年 10 月举办"亚太邮轮大会""中国商务旅行论坛""2008 中国国际旅游交易会"等重大会展活动；2007 年 5 月，苏、沪、浙三地召开长三角地区旅游合作会议，研讨如何加快三地旅游业合作及提升长三角旅游业品牌影响力和竞争力；2007 年 8 月，上海世博会旅游推广工作领导小组成立，举行世博会倒计 1000 天仪式，全面启动上海世博会全球推广活动；2007 年 10 月，世界夏季特奥运开幕式在上海体育场举行；2008 年 5 月，上海市旅游集散中心推出长三角旅游套票；2008 年市旅游局赴境外 17 个国家进行了 31 次宣传，在世界著名媒体及国际旅游主流媒体进行上海城市形象广告宣传；2008 年 8 月在奥运足球赛上海主会场举办 9 场比赛，吸引了众多球迷。

企业：锦江国际集团控股"锦江酒店""锦江股份""锦江投资""锦江旅游"四家上市公司，在资本市场塑造了良好形象；上海衡山集团、东湖集团、上海春秋、上海中旅等酒店、旅行社品牌影响力不断提升。

非政府组织：2008 年 8 月组织"平安奥运、优质服务"示范大会，确保奥运期安全保卫工作；以迎世博为切入口，加强诚信建设；完成 2007 年、2008 年顾客满意度测评；推选 17 项"上海名牌"，组织各会员单位开展国际交流合作。

游客：入境旅游总体增幅放缓，日、韩增速下滑，东南亚市场继续呈上升态势，欧美市场平稳；改变了重要客源国独大局面，各主要客源国均衡发展。国内旅游华东地区游客比重达 64.5%，主要以短程旅游为主，仍然以商务、观光游客居多。

居民：上海旅游节等节庆、会展活动吸引了众多市民参与。

6.1.2.2 2009~2010 年演化阶段

这一阶段主导行动者主体是以政府适应学习为主动力，创新行为开始显现成效；以企业学习适应性行为为辅助动力；大型旅游集团成为行业龙头，中小旅游企业蓬勃发展；各主体间的互动行为不断增多。主体行动者进化行为表现为：

政府：2009~2010 年 4 月举办上海桃花节、上海国际茶文化节、上海世界旅游资源博览会（WTF）；2009 年 9 月举办上海旅游节、上海国际艺术节、上海国际音乐烟花节等节庆活动；2009年11月举办"中国商务旅行论坛""中国国际旅游交易会"等重大会展活动；2009年7月《上海市乡村旅游发展三年行动计划》通过评审；2009年8月上海欢乐谷开园试营；2010年3月、4月在国内外举办"世博旅游大篷车""全球百城世博旅游推广月"等10000多场世博宣传推广活动，动员2000多家海内外新闻媒体宣传报道，掀起了世博旅游宣传热潮；2010年4月沪、浙、苏签订《世博旅游接待合作备忘录》，建立"迎世博"长三角旅游业联动机制；2010年5月上海世博会正式开园，迎接了大批海内外游客。2010年上海品牌赛事增加了国际自行车联盟女子公路世界杯赛，共举办39项83次各类体育赛事；2010年10月"浪漫"号邮轮开启"世纪重逢，博览宝岛"之旅，标志着邮轮多点挂靠政策正式启用，邮轮产业"本土化"迈出第一步；2010年11月与美国迪士尼公司签署协议，上海迪士尼项目正式启动。

企业：2009年6月，美国最大旅游公司"美国国际旅游公司"携手上海国旅、上海中旅、上海青旅、上航国旅和上海新康辉等旅行社，在上海联合创建"TTA诚信旅游联盟"；2010年5月上海波特曼丽嘉酒店、上海浦东香格里拉大酒店、上海国际会议中心东方滨江大酒店、上海王宝和大酒店和上海希尔顿大酒店获中国饭店金星奖；2010年6月，锦江国际访华团、上海携程网、上海春秋国旅入选首批23家全国旅游人才开发示范点企业；2010年6月世界顶级奢华酒店品牌的中国第7家酒店——上海浦东丽思卡尔顿酒店开业；2010年7月，春秋航空开通上海至日本茨城包机航线，是国内民营航空公司开通的第一条国际航线。

非政府组织：2009年3月，上海旅游职业教育集团成立，是由上海师范大学旅游学院、上海市商贸旅游学校、上海市旅游培训中心和上海部分旅游企业及行业协会等以协议成立的职业教育办学联合体；上海旅游行业协会2010年组织企业参加国内外各类迎世博宣传推广活动；世博会期间组织专人接受客人投诉，倡导诚信经营规范服务；开展饭店、旅行社等企业等级评定复核工作；编辑《上海旅游年鉴》。

游客：世博推动效应显著，入境、国内旅游呈现空前繁荣局面。日本、美国、韩国游客居前三位，马来西亚、泰国、加拿大、印度尼西亚、法国、澳大利亚 6 国入境过夜游客人数增幅都超过 50%，其中泰国游客增幅高达 83.5%，居于首位；港澳台游客增幅巨大；国内游客数量大幅提升，华东地区仍占 59.1%。国内外游客仍以观光、商务为主。

居民：2010 年"世博人家弄堂风情游首游式"在静安寺广场举行，以社区、街道为主的群众文化生活表演参与到上海旅游节项目活动中。

6.1.3 第三进化阶段：自主创新主导的多主体网络阶段

6.1.3.1 2011～2013 年演化阶段

这一阶段主导行动者主体是以政府创新行为和企业学习适应行为两者并重为主动力，企业集团龙头实力日益雄厚，发挥重要作用；各主体间互动行为频繁。主体行动者进化行为表现为：

政府：2011～2013 年分别举办了上海桃花节、上海龙华庙会、国际茶文化旅游节、上海世界旅游资源博览会、上海旅游节、上海国际音乐烟花节、亚洲邮轮大会等节庆、会展旅游活动；2011 年 3 月"乐游上海"官方微博开通，及时发布旅游信息；2011 年 5 月苏、浙、皖、沪签署《苏浙皖沪旅游一体化合作框架协议》，2011 年 6 月上海、浙江、江苏、安徽与北京签订《北京市与长三角地区旅游合作协议》，协议依托京沪高铁，建立旅游合作机制；2011 年 10 月"世界著名旅游城市与标准化建设"暨上海市旅游标准化技术委员会成立大会举行；2011 年 9 月上海国际航运中心吴淞口国际邮轮港正式开港；2012 年 9 月国内首个"中国邮轮旅游发展实验区"在上海设立；2013 年 6 月以"邮轮生活精彩无限"为主题，举办首届上海邮轮旅游节，上海港邮轮年客流量首次突破百万人次大关；2013 年 9 月上海智慧旅游社区频道上线试运行；2013 年 12 月市政府批复《上海国际旅游度假区结构规划》，将其定位为世界级旅游目的地。

企业：2011 年 5 月如家酒店集团收购莫泰 168，区域分布格局进一步优化；2011 年 9 月上好佳（国际）成为锦江之星在菲律宾的品牌代理商，成为中国经济型酒店品牌走向海外的第一例；2011 年 11 月锦江之星与法国卢浮酒店集团旗下经济型酒店 Campanile 开展品牌联盟合作；2011 年 10 月汉庭酒店集团成为继如家之后第二家在上海拥有百家店的经济型酒店品牌；2011 年 6 月由上海申迪集团与迪士尼公司共同投资 245 亿元的上海迪士尼主题乐园正式开工建设；2011 年 11 月首家外商独资邮轮船务公司歌诗达船务（上海）公司落户上海；2013 年 3 月上海有锦江国际酒店公司、锦江之星等 9 家企业获中国饭店金马奖金奖；2011 年 4 月首家拥有专属登机安检通道和值机柜台服务的中航泊悦高档酒店在沪开业；2013 年 12 月上海国旅、上海中青旅、上海锦旅、上海春秋国旅、国旅上海公司加入"9 + 10"区域入境旅游合作联盟。

游客：入境旅游人数同比下降，但降幅收窄。日本、美国已实现逐步企稳，欧洲各国均实现增长，东南亚国家则下降，新西兰由于航线增加，增长超过 10%。港澳台入境旅游也呈逐步企稳态势。国内旅游由于出境旅游分流部分客流，增幅放缓，自组团人员企稳，华东地区游客占比有所下降，观光度假游客比例仍占首位。

居民：接待本地游客 14622.02 万人，创下历史新高；本地市民成为"2013 上海房车、邮轮游节"的参与主体；举办了"上海大学生旅游节"、本地市民"快乐步道"等一系列大众市民参与的活动。

6.1.3.2　2014 ~ 2016 年演化阶段

这一阶段主导行动者主体是以企业行为为主动力，企业学习适应性仍占主导作用，创新性行为开始显现成效，企业国际竞争力影响力日趋增强；政府创新性行为为辅助动力；各主体间开始呈现多种形式交互作用的网络关系。主体行动者进化行为表现为：

政府：2014～2016年分别举办上海旅游节、上海邮轮旅游节、上海桃花节、上海樱花节、中国国际旅游交易会、中国会议与旅游产业发展论坛等节庆、会展旅游活动；2014年上海旅游节创新项目"微游上海"活动启动；2014年4月上海市旅游咨询服务中心和上海旅游集散中心被撤销，组建了上海市旅游公共服务中心；2014年12月《上海市旅游条例》修改并获通过；博物馆、美术馆、景区等上海地方标准发布；2014年7月沪、苏、浙、皖共同签署《长三角地区率先实现旅游一体化行动纲领》；2015年7月发布《关于推进上海中国邮轮旅游发展实验区与中国（上海）自由贸易试验区联动发展的实施意见》，2015年10月在上海召开全国邮轮旅游推进会，发布《关于促进旅游装备制造业发展的实施意见》，2015年上海母港成为全球排名第8位世界邮轮母港；2015年7月上海被纳入全国首批实施离境退税政策城市，同年11月建设"上海旅游（社区）公共服务点"网络，标志着上海旅游公共服务全面走进社区；2016年编制《上海市旅游业改革发展"十三五"规划》《上海市城市总体规划旅游专项规划》，10月1日起实行外国旅游团乘坐邮轮上海入境15天免签政策；2016年7月上海和纽约两地签署旅游合作协议，8月首部上海旅游形象推广音乐电视片《我们的上海》发布；2016年9月成立上海旅游气象中心。

企业：2014年3月锦江国际首家智能经营门店——豫园智能店开业；2014年11月锦江之星韩国首尔明洞东酒店开营，是锦江之星在国外首家单店特许经营酒店；2015年3月1日"大西洋号"邮轮搭载近千名乘客自上海吴淞口国际邮轮港启航，成为首趟由中国港口出发的环球邮轮旅行；2016年6月上海迪士尼乐园正式开园，当年接待游客560万人次，外地游客占75%。

非政府组织：2014年上海、南京等8个长江沿岸城市，北京、广州等20个京广高铁沿线城市，以及益阳、常德、张家界共31个旅游城市结盟，发布《岳阳共识》；2014年3月长三角自驾游专家委员会在沪成立；2015年1月沪、苏、浙、皖三省一市成立中国（长三角）高铁旅游联盟。

游客：入境旅游市场开始反弹，亚太地区游客数量增长较快；港澳台游客数量稳步恢复；国内旅游接待游客人数呈继续增长态势。国内外游客过夜天数有所延长，旅游消费呈增加趋势。

居民：2016 年 1 月聘任上海籍演员胡歌担任"上海旅游形象大使"参与"中美旅游年"、"一带一路"宣传和上海旅游节等节庆、会展活动；逾 100 万市民参与首届"乐游上海"上海市民旅游知识大赛，积极参与上海旅游节"微游上海"及主题徒步活动。

6.1.3.3 2017 年至今演化阶段

这一阶段主导行动者主体是以企业行为为主导，企业创新行为发挥主要作用，政府创新性行为为辅助动力，起到引导、调控、服务作用；各主体间呈现多种交互交错的网络关系。主体行动者进化行为表现为：

政府：2017 年继续举办上海梅花节、上海樱花节、上海桃花节、上海国际茶文化旅游节、上海邮轮旅游节、上海旅游节等节庆、会展旅游活动；2017 年 4 月上海·湖北·长江旅游联盟文化旅游推广活动在悉尼举行；2017 年 6 月上海获"2017 亚洲最佳节庆及活动目的地"和"2017 年亚洲最佳会议目的地"两项世界旅游奖；2017 年 9 月成立旅游气象大数据实验室，发布上海旅游观景指数，启动导游"随身气象站"试点；2017 年上海旅游扶持专项资金 2.3 亿元，项目投资额 50.2 亿元。

企业：2017 年携程旅游集团、锦江国际集团、景域国际旅游运营集团、上海春秋国际旅行社入围中国旅游集团 20 强；2017 年 6 月上海安徒生童话乐园开园。

非政府组织：联合湖北、重庆、江苏、陕西、云南等省市，由长江旅游推广联盟举行《长江之歌》等大型旅游宣传推广活动。

游客：入境旅游者稳中有升，国内旅游接待游客人数呈继续增长态势，人均消费有所提高。

居民：1215 万市民游客积极参与上海旅游节，以步行的方式感受上海建筑魅力，参与"上海市民游上海"活动。

6.2 上海旅游地复杂系统演化的动力

上海旅游地复杂系统是一个复杂适应性系统，系统偏离原有的稳定状态进入混沌边缘而生成新的有序结构和功能，是宏观系统涌现所产生的结果。从系统内部来看，涌现所带来的结果是政府、旅游企业、非政府组织、本地居民和游客等旅游地复杂系统适应性主体与系统内外部要素之间通过复杂的非线性作用机制所产生的。非线性作用是物质系统本身所拥有的一种自组织力，正是这种非线性自组织力的存在，推动着上海旅游地复杂系统的演化和发展，使其处于混沌—有序—新混沌—新有序的无限发展序列之中。对于上海旅游地复杂适应性系统来说，自组织问题并不只是一般组成元素的自组织问题，而是旅游地行动者适应性主体的自组织问题，非线性作用可以看成是旅游地行动者适应性主体与系统其他子系统主体之间的一种"通信"机制。

上海旅游地复杂系统适应性主体在外界环境刺激下，不断改变并调整自身行为以适应环境变化，而这种行为同时也影响了内部其他子系统及外部环境的发展，在系统间"趋同效应"作用下，呈现出多主体行动者的核心系统与内部其他子系统及外部环境之间持续地相互作用和共同演化现象，是旅游地行动者微观个体的进化造就了宏观系统的新状态和新结构，上海旅游地复杂系统从较低层次演化到较高层次。

6.2.1 上海旅游地复杂系统适应性主体间的非线性作用

在上海旅游地复杂系统演化过程中，只有使各级旅游利益相关者的主体利益都能得到满足，才能充分发挥各方积极性，促进旅游业有序发展。政府、企业、非政府组织、当地居民和游客通过与系统内外部进行物质、信息、能量流等交流，使系统产生具有突现性质的耗散结构，以新的物质、能量、信息等要素向系统输入负熵流，在正反馈作用下，不断提高系统自身的适应学习和生存进化的能力，使时空尺度下的系统结构和功能向更高级的有序演变。这种"有序"同时也包括系统适应性主体间"束缚"关系的维持与更新，表现为在各个演化阶段旅游地复杂系统适应性主体之间不同强度的相关关系。负熵流解释了旅游地复杂系统适应性主体间的交互作用使彼此适应性不断提高而出现的自组织性，即旅游地行动者的微观进化行为经交互而涌现出具有宏观系统性质的非线性演化机制。旅游地行动者之间因为不同形式的联系会表现出行为的差异，甚至旅游地行动者单一主体内部可具有多种形式的联系。在系统演化的不同阶段，不同旅游地复杂系统适应性主体在演化中会呈现不同的主导关系。上海在建设具有全球影响力的世界著名旅游城市、旅游产业结构调整转型升级中，应充分发挥政府、旅游企业、游客、本地居民和非政府组织的适应性主体之间的主观能动作用，从而实现多主体行动者的共同进化。

政府：在多主体行动者核心系统中发挥了主导、引领和协调的作用。首先，从最初把上海建设成为新兴的国际化旅游都市到具有全球影响力的世界著名旅游城市的发展目标确定；主导各大旅游企业集团的资产重组、资本市场上市、多元化经营，推进旅游大型旅游企业集团化建设；扶持中小型及新兴旅游企业发展，引进及引导外资、民营及社会资金积极参与旅游重点项目建设，创新、丰富旅游新业态，极大地提升了大型旅游企业集团的自主创新能力和国际市场竞争力，外资旅行社和邮轮集团及以旅游装备制造为主的新兴业态旅游企业得到快速发展。其次，对非政府组织上海旅游行业协会进行重组，根据市场需要下设多个行业分社，建立并完善上海旅游质量认证中心、上海旅游统计信息中心等多个旅游服务中介机构；积极转变政府职能，减少市场对行政管理手段的依赖，主动下放饭店、旅行社等旅游企业的评星及复核等工作到行业协会，监督行业规范服务，建立诚信体系；按照市场运营规律，形成"政府宏观管理—行业自律管理—企业自主管理"的旅游管理格局。再次，根据市场需求，提升旅游供给能级，完善旅游服务设施和公共服务体系，优化旅游环境，满足游客日益提升的品质旅游需求。最后，在把旅游业发展成为上海国民经济新的增长点到战略性支柱产业和人民群众更加满意的现代服务业的过程中，不仅为本地居民提供了方便、快捷的交通出行条件，多元化的娱乐休闲场所，各类形式多样的节庆、会展、体育旅游项目活动，还丰富了当地居民的业余生活，提高了广大居民的生活品质。

旅游企业：从最初"小散弱低"的基本旅游企业形态，发展到对标国际一流、进入全球发展阶段的锦江国际等旅游大型企业集团、产业溢出带动效应显著的迪士尼主题公园、市场竞争力日趋增强的饭店和旅行社等旅游企业，成功地推动了上海旅游产业的转型升级，使政府在旅游市场中由原来的主导作用转换为引导、调控、服务角色，真正充分发挥了市场机制和主体作用。大中小旅游企业的蓬勃发展，使为本地居民提供的旅游就业岗位的层次与种类更加丰富，旅游业的民生功能不断提升；新型旅游业态、多样化旅游吸引物和多样性旅游产品满足了游客日趋多元化、个性化的旅游需求。

非政府组织：上海旅游行业协会、各类非政府联盟、旅游培训中心等中介机构，作为实施行业服务和行业自律的跨所有制非营利行业性的社会团体法人，为旅游企业服务，为行业培养优秀人才，代表和维护行业共同利益和旅游企业的合法权益，推动了上海旅游行业诚信建设，在处理游客投诉，政府、企业及本地居民之间起到了沟通桥梁和纽带的作用。

游客：快速变化的国内外游客需求，促使政府、旅游企业、非政府组织在不断变化市场环境中转换角色，适应市场环境变化、满足游客需求。同时政府、旅游企业、非政府组织通过培育旅游新业态、旅游产品创新及各类旅游宣介活动，创造和激发了游客的新需求。

本地居民：本地居民作为上海国内旅游市场的主要组成部分，不仅接待人数呈增长态势，而且积极参与上海旅游节、上海邮轮旅游节等节庆、会展旅游活动，促进了旅游消费，营造了安全和谐的旅游环境氛围。

6.2.2　上海旅游地复杂系统适应性主体与内部其他子系统间的非线性作用

上海旅游地复杂系统适应性主体的进化来源于自身系统内部的非线性作用，又通过非线性作用支配系统内部其他子系统，从而实现共同演化。当政府、旅游企业、非政府组织、游客和当地居民等适应性主体的适应性得到不断提高时，系统则会在其主导作用下协调一致，朝着"混沌吸引子"，即旅游地的发展目标、旅游地各利益相关者协调结果的方向演化，在混沌边缘最终能否形成系统宏观上的新功能和结构，将取决于适应性主体的适应性变化所起的非线性作用。上海旅游地复杂系统适应性主体与系统内部其他子系统的非线性作用如下：

6.2.2.1　旅游服务设施子系统方面

第一，政府加大交通基础设施和旅游公共服务体系投入，沪宁、沪杭、宁杭和杭甬高铁、虹桥交通枢纽工程、浦东机场扩建工程等相继建成开通，构建了高架轨道交通、越江隧道、大桥和地铁、地面道路组成的立体市内交通网络，形成了高效、优质、便利的一体化旅游交通体系；同时不断完善"互联网"信息化服务设施，智慧旅游、智慧城市、旅游信息服务建设不断推进，旅游公共服务品质日益提升。政府还制定了一

系列扶持、优惠旅游企业发展政策，优化旅游企业经营投资环境；国际
知名品牌的豪华酒店、外资独资旅行社和邮轮集团纷纷进驻上海，国内
经济型酒店集团得到迅猛发展，提高了上海旅游业的开放度，提升了上
海旅游企业国际化水平和服务设施品质，进一步丰富了旅游服务设施的
多样化。第二，上海大型旅游企业集团数量不断增多，规模实力不断增
强，新兴中小型企业繁荣发展，为游客提供了不同层次的个性化旅游配
套设施和服务。第三，非政府组织作为中介、服务性社会团体组织，为
旅游企业提供各类培训服务，加强了长三角各城市政府之间、各类旅游
企业之间的沟通与合作交流，协助做好了促进长三角旅游服务一体化的
各项活动。第四，本地居民不仅是上海国内旅游市场的重要客源，作为
上海各类节庆、会展、体育等旅游活动的重要参与者，还是上海传统特
色文化传播和传承者，提升了城市旅游文化的品质，丰富了城市旅游服
务的文化内涵。第五，游客多样化、个性化旅游需求的快速变化，使旅
游地政府、旅游企业不断完善、创新旅游服务设施，会展、邮轮、房车、
民宿休闲等新业态持续发展，助推上海旅游服务设施能级的日益提升。

6.2.2.2　旅游吸引物子系统方面

第一，政府制定、实施了一系列旅游产业规划和政策，明确了上海
旅游业发展目标，不断提升了上海传统旅游吸引物品质，新兴旅游业态
及旅游吸引物不断涌现。随着上海旅游产业深度融合政策的推进，开发
了"旅游+"十大系列产品，丰富和完善了工业、农业、教育、科技、
文化、体育旅游等都市旅游产品体系，都市旅游格局基本确立，推动上
海由"景区旅游"向"全域旅游"发展模式的转变。此外，通过举办一
系列节庆、会展、体育赛事旅游活动，促进了上海会展、邮轮、体育等
新型业态旅游产品的开发；迪士尼乐园、黄浦江旅游休闲区、崇明世界
级生态岛、佘山国家旅游度假区等重大旅游项目的建设开园，上海国际
旅游度假区、深坑酒店等国际性旅游新地标的不断涌现，推动了上海旅
游业由单一的观光、商务向观光、休闲、度假、商务、会议并重的旅游

发展方式的成功转型。第二，世博会的举办、中国邮轮旅游发展实验区的成立、迪士尼主题乐园的开园，带动了上海会展、邮轮、房车、民宿休闲等新兴旅游吸引物的开发，进一步丰富和优化了上海旅游产品，上海旅游产品品牌的知名度、吸引力、辐射力不断增强，旅游供给品质不断提升。第三，非政府组织在国内外以多种方式协助政府、企业举办各类旅游宣介活动，进一步提高了上海旅游吸引物的知名度和吸引力。第四，"上海人游上海"成为上海本地居民旅游的重要方式，带动了上海旅游吸引物的消费。第五，游客的高品质、多样化的旅游需求及需求的快速变化，促使政府、旅游企业不断提升自主创新能力，培育旅游产业新业态，创新旅游产品和服务，满足国内外游客的需求。

6.2.3 上海旅游地复杂系统适应性主体与外部环境子系统间的非线性作用

一方面，上海旅游地复杂系统适应性主体与外部环境子系统的非线性相互作用是宏观系统演化的核心动力，一次非线性作用，将可能使量变引发质变，生成上海旅游地复杂系统新的时空有序结构。比如利用先进的交通技术，建设高速铁路和综合性交通枢纽，改善旅游地交通条件，促进旅游需求的增加，带动旅游业进一步发展。另一方面，系统适应性主体也可发挥主观能动性，主动改造现有的环境，为旅游地复杂系统演化创造新的动力源。比如政府通过举办各类重大活动，增加旅游吸引物的多样性，提高旅游地知名度，提升旅游产业能级，推进旅游地演进发展。随着外部环境持续变化，系统的演化又会有新的非线性作用，从而需要解决新的量变质变问题，使上海旅游地复杂系统呈现出"有序—混沌—涌现—新有序"不断循环演化"跃迁"的过程。上海旅游地复杂系统旅游地行动者适应性主体与外部环境子系统的非线性作用表现在以下几个方面。

6.2.3.1　国际经济发展大环境、国际旅游业发展趋势的影响

1997 年东南亚金融危机、2008 年国际金融危机、发达经济体经济复苏速度等国际经济发展环境的变化，严重影响了国际旅游需求，对上海入境旅游造成了很大影响；但加快发展旅游业已成为许多国家的战略决策，国际旅游产业融合发展趋势明显，各国旅游业在国民经济中的比重日益提高。旅游业被赋予了引领上海城市经济转型升级的重要任务。为此，上海市政府不断优化旅游产业结构，提升旅游产品品质，开发黄浦江旅游休闲区、崇明世界级生态岛等"本土第一、世界精品"项目，进行多种形式国内外宣传推介活动，提高了上海城市形象影响力，创造了旅游新需求，吸引了国内外旅游者；锦江集团、春秋国际等大型旅游企业也不断扩充实力，开展多元经营，实施对外扩张战略，应对国内市场变化，提高企业自主创新能力，提升国际竞争力和品牌影响力。

6.2.3.2　国内经济发展及重要战略的影响

随着国内经济的快速发展，人均 GDP 迅速提高，人们的旅游消费升级。上海市政府不断加深旅游产业融合，开发"旅游＋"十大系列产品，完善旅游配套及公共服务体系，满足人们的多元化、高品质旅游需求。国家"一带一路""长江经济带"的国家发展战略、长三角区域经济联动发展的进一步深入，为上海市政府、企业进行跨区域旅游业发展、合作提供了政策依托和条件。

6.2.3.3　重大自然灾害、公共卫生事件的影响

面对"非典""禽流感"疫情及国内大面积水灾等自然灾害，上海市政府积极应对，加强对公共卫生事件的防范，建立旅游业安全应急和风险防范机制，在国内外进行了疫情后的旅游宣传促销活动，帮助旅游市场回暖复苏。面对接待旅游人数急剧下降的局面，旅游企业也积极防范

经营风险，采取一系列措施应对市场变化。

6.2.3.4 科学技术广泛运用

沪宁高铁、沪杭高铁相继开通，进一步增强了长三角地区同城效应；虹桥综合交通枢纽工程的建成，使游客在铁路、轨道交通、地面公交、出租汽车、民用航空、高速公路等多种交通方式的换乘上更加便捷，日客流量大幅提升。一方面，交通科学技术的广泛运用使上海旅游交通设施不断改善的同时，也改变了游客的旅游消费需求，使华东地区来沪游客比重不断上升，国内外旅游市场格局发生了一定的变化，从而也影响了政府、旅游企业和非政府组织的产业发展政策、经营战略及组织活动。另一方面，随着"互联网＋"产业的快速发展，网络支付方式兴起，上海市加快智慧旅游、智慧城市建设，构建旅游信息系统格局，提升旅游电子商务平台功能，积极推动旅游服务线上线下联动，旅游服务信息化、便利化、智能化水平得到了全面提升，市民及中外游客的出行旅游更加便捷。

6.2.3.5 上海国际化大都市发展进程给旅游业带来新契机

一方面，上海在建设成为国际经济、金融、贸易、航运中心和现代化国际大都市的新一轮城市建设中，城市设施系统进一步更新，这将成为旅游业发展的重要依托。随着城市系统相互促进、深度融合的进一步加速，将迎来上海全域旅游发展时代。此外，上海政府、旅游企业及非政府组织积极培育开发、完善城市高品质的文化休闲产品和旅游服务功能，提升上海都市旅游的全球吸引力、影响力。另一方面，上海都市旅游的发展有力地促进了上海国际大都市建设，成为上海建设国际大都市的重要途径和形象品牌，提升了城市基础设施和服务质量，提高了上海的开放度和国际知名度，并使上海逐步发展形成以旅游业为核心、让人们更加满意的现代化城市。

6.2.3.6　举办重大事件的影响

奥运、世博会、上海旅游节、上海邮轮节等国际性体育赛事、会展、节庆活动的举办，迪士尼主题乐园等重大旅游项目的建设，促进了上海旅游产业结构的调整和升级，提升了旅游产品能级和国际化服务水平，加快了邮轮、会展、体育等新兴旅游业态发展，推动了上海大、中、小型旅游企业的繁荣发展，督促政府、旅游企业不断提高自主创新能力，优化旅游环境，完善旅游公共服务体系，使之成为推动上海旅游地行动者适应性主体持续进化发展的重要动力。

第 7 章

上海旅游地复杂系统
演化能力的提升

本章从上海旅游地复杂系统的优化与协调、整合与创新两方面提出上海旅游地
复杂系统演化能力的提升路径：以上海旅游地行动者主体非线性作用为切入点，
充分调动行动者主体的主观能动性，统筹协调系统内外发展要素，建立良性发展
机制，优化资源配置，协调供需关系、人地关系、区域发展，整合营销与品牌、区
域文化、产业链，构建上海旅游地创新发展体系，以适应世界经济新常态发展，创
造有利环境，推动上海旅游地复杂系统不断向前进化发展。

　　旅游地复杂系统作为一个活的有机体，不仅要适应内外部环境的变化，更要创造有利于系统演化的环境，提升旅游地复杂系统演化的能力，使其向更高级有序的方向发展。国际方面，目前世界经济复杂多变，经济下行压力仍然持续，虽然发达经济体总体在走"好"，新兴经济体普遍企"稳"，但深层次的结构性矛盾未得到根本解决，而全球旅游业却一枝独秀，发展迅速。国内方面，伴随着我国经济社会发展、人民收入增加、消费升级加快，旅游消费成为一种刚性需求；以物联网、云计算等新一代信息技术为代表的"互联网＋"产业进一步推动了我国旅游业的转型发展，使我国旅游业进入了快速发展的黄金期。

　　在新常态背景下，上海旅游业在全国率先进入"提质增效、创新驱动"发展方式转型的新阶段，但对于建设具有全球影响力的世界著名旅游城市的目标还存在一定的差距。一方面，旅游供给与市场需求仍有差异，旅游市场秩序和公共服务体系品质有待进一步优化提升；入境旅游市场存在不稳定因素，占总接待人数的比重较小，需要进一步开拓。此外，没有传统意义的世界级自然或文化旅游资源，也导致了上海缺少标志性的传统高能级旅游景区（点）。另一方面，互联网技术和应用的快速更新，导致企业存在主体变化、商业模式变革、产品更新换代等诸多不确定性，这都倒逼上海旅游业从资源驱动向创新驱动转型升级。为此，应以发挥上海旅游地行动者主体的非线性作用为切入点，充分调动行动者主体的主观能动性，提高上海旅游复杂系统演化能力，适应世界经济新常态的发展，并创造有利环境，推动上海旅游地复杂系统不断向前进化发展。

7.1 上海旅游地复杂系统的优化与协调

7.1.1 统筹协调系统内外各发展要素，建立良性发展机制

旅游地复杂系统的演化是以旅游地行动者满足各自利益为导向，通过有意识地选择、适应、创新行为，在复杂交互过程中，实现旅游地行动者主体的共赢，系统内外各层次、各子系统共同演化，从而实现旅游地复杂系统的演替发展。旅游地行动者适应性主体行为产生的非线性作用，以各种形式影响系统内外的相互作用强度、关联程度和作用方式。旅游地复杂系统的进化有赖于各级旅游地行动者主体的竞争合作和系统内外各层次、各子系统间的协同发展。一方面，目前上海旅游业粗放型增长方式还未根本转变。上海旅游业创造的增加值中，住宿、交通、餐饮三项基础消费占40%以上，而纽约、东京等国际旅游业发达城市，这个比例通常为20%～30%。重产品开发轻市场需求、重人数增加轻消费增长、重建设投资轻服务质量现象仍然存在。另一方面，随着上海旅游产业链不断扩大，旅游价值空间不断扩大，旅游治理难度也随之增加。为此需要统筹协调系统内外各发展要素，建立多主体、多级别和多种协调机制，降低政府对市场的干预，理顺各主体、内外部系统的关系，通过优胜劣汰的市场竞争机制推动旅游产业整合，以"旅游＋"和"互联网＋"为驱动，构建"大旅游"产业格局，积极促进旅游业提质增效，

促进旅游要素自由流动和旅游产业良性发展，实现上海旅游产业由规模增长向质量效益的转变。具体措施包括：

7.1.1.1 盘活存量，推动旅游传统产业调整升级

全面提升传统旅游产业能级，对已有景区、酒店、旅行社等存量资源进行完善、提升或转型，形成旅游业发展的新着力点。一方面，目前上海传统旅游行业存在结构性产能过剩，面临产业结构调整。2018年星级酒店出租率在50%左右，城市中心区域的高星级酒店分布密集，竞争激烈。一些老牌主题公园和传统知名景区产品转型升级步伐较慢，经营陷入困境。由于缺乏核心旅游资源，佘山国家级旅游度假区旅游吸引力不强，休闲度假旅游产品体系尚不完善，难以满足居民高品质休闲度假需求，产业溢出和带动效应不明显。另一方面，上海商业街区功能日趋老化，缺乏时尚新意的旅游购物氛围，旅游购物品与娱乐、休闲、文化体验和地方美食等方面的融合还不足，致使国内外游客购物旅游吸引力均呈下降趋势，旅游购物收入仅占旅游总收入的20%，而发达国家或地区通常占到旅游总收入的50%以上。

旅游饭店应积极提升旅游服务品质和功能。根据交通、CBD 商务区和景区（点）等的条件，科学合理地规划和布局度假、主题特色、商务和经济型连锁酒店。依据上海旅游市场需求，鼓励经营不善、市场趋于饱和的部分酒店进行产品升级或转型改造；加大旅游饭店向社会资本和国际市场的开放力度，推进房车旅游、特色民宿等新兴旅游住宿业态发展；支持引导有条件的旅游饭店企业实施全球经营战略，在我国出境旅游者较多的旅游城市，建设连锁酒店，布局全球酒店市场，发展旗舰型旅游饭店管理集团，参与世界酒店业竞争。

对标国际一流标准，依托重大项目建设，提升旅游景区质量和能级。满足居民游客需求，丰富景区以人文娱乐、生态度假、游乐观演、户外运动等为主的旅游休闲产品，优化景区产业链。依托城市交通路网，合理规划布局景区，扶持引导景区推进业态融合、创新。提升标杆性都市

重点旅游景区和项目的开发质量，充分扩大迪士尼、黄浦江旅游休闲区等大型旅游项目的产业带动溢出效应，培育房车旅游、民宿休闲和配套创意新兴旅游产品，整合周边旅游资源并联动发展主题娱乐、文化创意、旅游度假、体育休闲、商贸服务、特色会展等相关产业体系，打造主题突出、品质高雅、功能齐全、配套完善、具有世界吸引力和影响力的世界级休闲度假旅游目的地。启动对佘山、崇明岛等地旅游市场、产业和企业调研，找准当前旅游发展的瓶颈和突破口。推进上海智慧景区、智慧休闲区、智慧度假区建设，完善"互联网＋"和数字化服务设施，运用人工智能、虚拟现实等技术，提高游客体验的科技感与便捷度。

营造高品质都市旅游购物环境氛围，创新旅游购物渠道和营销模式。优化72小时免签、离境退税等购物政策，扩大免税商品和免税店的经营覆盖范围。加快上海老商业圈业态创新升级，依托互联网和新媒体技术，利用上海中国国际旅游交易会等会展平台，扶持旅游购物品专业市场和公共服务平台建设，打造旅游体验购物综合体，打造一批旅游商品国际品牌。将旅游产品创意、文化创意和市场接轨，研发"上海礼物"城市文创产品，开发集上海文化符号、礼品及使用功能于一体的旅游纪念品、伴手礼，依托"互联网＋"新技术，做大做强上海本土旅游电商企业。

7.1.1.2 做优增量，促进上海旅游高品质发展

品质旅游是推动上海旅游业提质增效、由粗放型规模增长向集约型质量效益转变的重要途径。"高品质，才能赢得大市场，获得好口碑"，促进上海品质旅游发展，"让优势更优、特色更特、强项更强"。

第一，提升旅游供给国际化品质能级，形成"大旅游"产业格局。打造上海全域旅游精品，推出"世界精品"黄浦江旅游休闲区等项目，加快建设综合性邮轮旅游目的地，持续放大迪士尼主题乐园辐射效应，提升崇明世界级生态岛、佘山国家旅游度假区等旅游区能级，力求彰显上海都市景观特色，培育发展高品质文化休闲和度假服务功能。大力推进中心城区历史建筑、历史街区的"建筑可阅读""街区漫步"等城市微

旅游产品，不断巩固、升级传统旅游精品。将江南文化与乡村振兴相结合，打造郊区田园综合体，彰显江南古镇文化特色，完善郊野公园旅游休闲功能，使都市郊外成为市民游客休闲度假好去处。加深旅游与上海城市相关系统的深度融合发展，培育旅游新业态，推动旅游产业转型升级。以高质量发展为核心要求，将展示上海城市国际形象、体现上海城市功能的元素加进旅游，构建旅游业与文化、商务、工业、农业、体育、科技、金融等融合发展的"1 + 10 + n"大旅游产业体系，创造新成效，提升"旅游 +"附加值。

第二，增强旅游产品的游客参与度和体验感。将旅游生活化，让游客体验上海本地生活，通过做细、做小、做实，由"高大上"都市旅游转变为"小确幸"都市生活旅游。整合上海特色的F1赛事等体育旅游资源，开发赛事型、参与型、观光型多元化的体育旅游产品；加强城市旅游与乡村旅游、水上旅游和工业旅游之间的联动发展；在城区老建筑、工业老厂房和城郊闲置民居中适当开发休闲娱乐、民居康养、创意民宿等参与性强的文化娱乐型体验业态，提升上海旅游业质效。

第三，以友好、有序、优质为目标，优化提升旅游服务和监管环境。以游客为中心，高品质、智能化、精细化为根本要求，完善"互联网 +"和数字化服务设施网络，建成智能化旅游信息管理和发布平台、综合性旅游大数据中心，提升智慧旅游城市能级，打造品质"宜游"的上海旅游服务圈。提高上海全域交通网络体系的通达度，建立健全协同高效的旅游综合监管体系，优化旅游营商环境，增强旅游公共服务便捷度和服务环境国际化。

7.1.1.3　构建多层次、多级别的良性互动机制

第一，依托"长江经济带"经济战略，加强与鄂、赣、渝、湘等沿江省市协作，探索建立政府间协调推进机制。打造"国际黄金水道"长江邮轮旅游线路、长江经济带高铁精品旅游线路、景观大道自驾车和房车旅游线路，联合打造和培育国内外知名的休闲旅游名城、健康养老旅

游基地。着力于智能化、网络化及数字化建设，以旅游集散、导游观光、旅游咨询为重点功能，鼓励社会各类资本参与建立长江国际黄金旅游带的公共服务平台。

第二，继续深化长三角地区、旅游部门、专项合作的三级旅游合作协调机制。加强长三角地区的客源市场互动，使长三角地区省（市）之间互为旅游目的地和客源地。优化区域旅游行政服务，消除行政区划壁垒，扶持优势旅游企业开展跨区域经营开发，培育跨区域大型旅游集团；积极推进长三角地区智慧旅游、智慧营销和管理的服务体系建设，加强区域旅游市场监管合作，建立区域旅游质量监督合作协调机制，共同营造规范经营的旅游环境。

第三，提升上海相关各部门旅游综合协调机制功能。分步实施、逐步建立市区级层面的相关部门旅游综合协调联动机制，强化统筹发展、综合管理效能，加强大旅游、大产业、大市场良性发展的体制机制。

第四，建立中心城区各旅游区、旅游度假区、郊区乡旅游区的良性互动机制。各中心城区、旅游度假区旅游产业方兴未艾，旅游产品特色鲜明，而郊区乡村旅游在产品结构、发展水平、公共服务质量等方面，还远未达到全域旅游的水准。改善上海郊区和乡村旅游区的交通可通性，引导优质人才、资金等资源进入郊区乡旅游区投资、经营，以有机农业为导向，发展寓教育、休憩、文化等多种功能的上海城郊旅游发展格局。

7.1.2　优化资源配置，协调供需关系、人地关系、区域发展

7.1.2.1　充分发挥市场在资源配置中的决定性作用

新常态下，外部环境的复杂多变，要求系统优化资源配置，由政府主导向市场决定转变。目前上海旅游资源的配置机制还有待完善，缺乏

相对规范的制度保障机制。首先，应加快政府职能转变，旅游行政部门工作重心由管理向服务转型，并由市场决定旅游资源配置的话语权、决定权。要理顺政府与市场的关系，简化旅游行政审批，更好地为旅游市场集约化、规范化、品质化发展服务。其次，形成旅游改革创新动力机制。旅游者属于终端市场，上海每年 3 亿人次的旅游市场规模，成为上海吸引资本、集聚要素的重要内在驱动力。实施旅游创新驱动发展战略，不断涌现旅游新业态、新模式、新产品、新技术，优化、调整、升级旅游产业结构，使上海走上消费促生产、生产再刺激消费的良性循环模式，培育上海经济发展新动力。最后，形成旅游业"小政府、大社会"发展格局。旅游休闲已成为大众的生活常态，是涉及旅游地方方面面的综合性服务。应加快旅游行政管理部门职能转变，大力培养第三方社会组织，加强旅游行业协会建设，理顺政府与社会的关系，促进旅游地系统内部良性协调发展。

7.1.2.2 协调供需关系、人地关系、多层次区域发展

协调供需关系、人地关系、多层次区域内部空间发展，要求旅游地要以人地和谐为原则，根据市场需求制定相关政府规划，科学合理布局旅游地空间格局，优化旅游地系统内外发展环境，促进旅游地健康、有序发展。首先，在《上海市旅游业改革发展"十三五"规划》和《上海市城市总体规划旅游专项规划》框架下，以"宜业、宜居、宜游、宜学"为目标，以"三圈三带一岛"为空间发展格局，根据旅游者游憩偏好和旅游者数量变化，充分考虑上海各区自然、人文特色，挖掘整合各区旅游资源，深化商、旅、文、体等要素空间融合，打造要素集聚、功能完善、城旅一体的都市旅游景观新体系，实现旅游市场供需关系、城市区域内部空间协调发展。其次，融合郊区新型城镇化与美丽乡村建设，以江南水乡传统村落模式，夯实城市休闲度假空间，促进城乡协调发展。再次，实现长三角"三省一市"旅游规划衔接、市场推广、产品培育等方面深度合作，推进长三角区域旅游一体化发展。发挥上海长江经济带

龙头城市作用，促进长三角地区旅游产业融合、客源互送，共同建设开发旅游产品，提高旅游合作水平。增强投资与贸易的便利化，建立国际旅游合作机制和平台，建设成为"一带一路"旅游重要枢纽城市，协调多层次区域的旅游发展。最后，进一步加强景区游客最大承载量管理，实时监控景区客流量、舒适度；建立旅游用地保障机制，探索城市相关系统用地旅游业复合利用模式，达到经济、社会、环境协调发展，促进人地关系和谐及旅游地可持续发展。

7.2 上海旅游地复杂系统整合与创新

近年来，上海建设有全球影响力的世界著名旅游城市取得了令人瞩目的成效，旅游业发展已从资源驱动、资金驱动、市场驱动向创新驱动转变。"创新驱动、转型发展"，通过产业、服务、组织、市场等自主创新措施，激发上海旅游地复杂系统的发展活力，使之成为支撑和引领旅游业发展的强大动力，在新常态下提升了上海旅游业适应新时代发展的能力。

7.2.1 整合营销与品牌、区域文化、产业链

7.2.1.1 积极开拓推广渠道精准营销，提升旅游品牌影响力

第一，加强国外旅游市场促销推介，推进国内旅游市场推广合作。以"精彩上海，品质之旅"城市旅游形象，打造以"上海旅游节"为主体的旅游节庆活动体系，利用"乐游上海"微信、微博等新媒体网络平台及《旅游时报》等宣传平台，建立多渠道媒体旅游推广机制。依托建设"一带一路"旅游重要节点城市战略，在"一带一路"沿线城市举办形式多样的旅游宣传推广活动，加强对外旅游合作交流，采取近程市场以公众促销为主、远程市场以展会营销为主的分类营销模式。精准分析入境旅游市场，充分利用各类国际会展平台，推进上海旅游形象宣传和

旅游产品的推介工作，吸引境外游客，提高入境旅游规模，稳定入境旅游市场。加强国内旅游区域合作互动互惠，依托长江旅游推广联盟，服务"长江经济带"，联合长江沿岸各省市举办各类大型长江旅游推广活动，打造长江国际旅游黄金带；加快长三角区域旅游合作联动，联合苏、浙、皖共同推广长三角区域"主题体验之旅"。

第二，提升旅游产业国际竞争力，打造世界级旅游精品。继续深化浦江旅游发展，探索水岸旅游联动发展，以"水上观光＋岸上休闲"为主题，打造"世界精品"黄浦江旅游休闲区。继续做大做强迪士尼，整合培育娱乐、休闲、度假、创意等产业，推进完善上海国际旅游度假区综合配套体系，打造世界级休闲度假目的地。依托虹桥商务区国家会展中心等会展设施建设，培育发展具有国际影响力的国际会展品牌，建设设施完善、服务优良的国际商务会展旅游目的地。依托上海中国邮轮旅游发展实验区，加深与上海自贸区联动，扩大邮轮产业链；加快长江与海洋旅游联动发展，开发"国际黄金水道"长江邮轮等精品旅游线路，打造世界邮轮旅游重要集散地。

第三，提升旅游企业品牌国际影响力。加快实施企业品牌战略，鼓励企业以品牌为核心开展资本运作和产业整合，打造具有国际影响力的服务和产品品牌，提高市场占有率。善于运用资本运作，引进一批具有国际影响力的跨国企业，吸引境外优质企业、世界级旅游企业总部、国际高端旅游人才集聚上海，推进上海旅游产业国际化布局和旅游市场国际化。帮助具有国际竞争优势的旅游企业集团向海内外扩张旅游产业链，扩大资源配置范围，提高企业品牌国际影响力和辐射力，进一步提高上海旅游企业对外开放层次。扶持优势旅游企业开展跨区域经营开发，培育具有规模优势的跨区域大型旅游集团，鼓励中小微企业发展，满足多样化旅游市场需求，提升国内和国际旅游市场竞争力。完善旅游企业旅游投诉处理机制，深化旅游企业信用体系建设，培育品牌旅游产品、品牌旅游景区、品牌旅行社和品牌旅游饭店。

7.2.1.2 挖掘整合上海文化元素，彰显上海都市旅游文化标识度

文化是旅游业发展的灵魂，开发具有本地特色文化的旅游吸引物是保持旅游地具有持久吸引力的制胜法宝。上海作为一座极具现代化又不失文化特色基因的大都市，红色文化、海派文化、江南文化旅游资源丰富，但还未形成具有世界知名度和影响力的城市标志性都市文化旅游品牌，城市文化特质不够鲜明。上海红色旅游目前还处于"走马观花"的阶段，"体验式"旅游产品较少，各景点间串联整合力度还不够。要依托中共"一大""二大""四大"会址和四行仓库纪念馆、淞沪抗战纪念馆等，挖掘整合红色文化和观光休闲资源，将建党历史、建党精神、建党故事等红色文化资源与节日庆典、休闲、教育旅游等结合，打造特色文化、景观和谐、标识历史的标志性景观，提升人文体验、休闲娱乐功能，推出红色旅游精品线路，提高红色旅游文化产品和服务品质。

海派文化独具上海特色，充满历史韵味的文化老街、包罗万象的历史建筑、中西融合的文艺书画作品等无不彰显上海的多元文化特色。深度开发上海海派文化，将海派文化融入上海浦江、滨江、苏州河等沿江都市旅游休闲区建设和水上旅游开发中，打造黄浦江东岸文化聚集带、滨江邮轮文化带、北外滩文化功能区等文化创意旅游集聚带；以百年历史外滩万国建筑博览群、陆家嘴金融建筑群、后世博建筑群为重点，建设提升上海"海派文化城市地标"品质。

江南文化是长三角地区所共有的文脉特色，作为长三角世界级城市群走向高质量发展的文化战略，是长三角地域物理空间形成"同城现象"、地区共鸣的"文化基因"。江南小调、沪剧等传统民间戏曲，丝绸文化、茶文化、园林艺术和各式各样的非遗手工，都是江南文化的代表和象征。随着长三角一体化进程加速，上海在长三角城市群的文化品牌"高地"位置进一步显现，梳理上海文化中的江南元素，并予以创造性地传承和进行旅游开发，是丰富上海都市旅游文化内涵的重要内容。一方

面，与"浦江岸线"资源进行串联整合，深度挖掘水乡古镇资源，有效融合水上旅游产品、亲水岸线产品和岸上体验产品，做好江南水文化的旅游开发。此外，依托上海国际电影节、上海国际艺术节、上海旅游节等主题文化节庆活动，不断扩大江南文化在全国乃至全球的影响力，培育具有江南特色的都市文化旅游新品牌。另一方面，借助文化创意园区和基地，带动文化旅游购物、会展、餐饮及商业等产业发展，打造具有"上海文化"特色的文化旅游产业链，进一步完善上海都市文化旅游综合配套服务体系，培育都市旅游"世界品牌"，使三大"上海文化"都市旅游相得益彰，提升上海都市文化旅游的影响力和辐射力。

7.2.1.3 深化上海旅游产业融合发展，整合升级大旅游产业链

拓展旅游产业融合发展的宽度，增强旅游业态融合的深度，延伸旅游产业链，扶持鼓励旅游新模式、新业态蓬勃发展，推动以旅游业为核心的现代服务业产业集群形成。第一，推动文旅产业融合的纵深发展，培育海派特色突出、城市特质彰显、内涵价值丰富、感知识别度高的国内国际文化旅游品牌，提升旅游节庆活动、顶级文体活动的吸引力和影响力，将打响"上海文化"品牌融入打响"上海服务""上海购物"品牌中，助推上海旅游产业转型升级。第二，整合资源，依托各类国际著名赛事活动、国家级工业旅游示范点、科技、教育、医疗等相关城市系统要素资源，促进体育、工业、科技、教育、康养与旅游产业深度融合发展，扩大旅游产业链范围。第三，提高商旅融合发展品质。营造上海购物旅游地标的旅游休闲氛围，强化购物街区商旅融合特色，打造国际购物旅游之城；发挥中国国际进口博览会等重要展会的带动作用，培育具有全球竞争力的会展旅行专业服务机构，促进会展旅游高品质发展。第四，积极拓展邮轮旅游产业链，创新邮轮旅游经济服务模式，进一步扩大邮轮入境旅游规模，促进邮轮旅游的衍生消费。第五，提升旅游交通通达度、服务环境国际化和公共服务便利度，加强智慧旅游城市建设，

完善旅游政策体系，优化旅游营商环境，建立协同高效的旅游综合监管体系，营造良好的旅游发展环境。

7.2.2　构建上海旅游地创新发展体系

我国旅游业已进入优质旅游发展阶段，人们对"美好生活"的向往追求成为旅游业创新发展的动能，引领旅游发展从注重速度与规模转向注重品质与质量，为旅游创新提供了新机遇。旅游业作为上海国民经济的战略性支柱产业，早已成为上海经济发展转型的先导产业。上海旅游业改革已进入深水区、攻坚期，创新作为"创造一种新的更有效的资源整合范式"（Schumpeter，1934），成为上海旅游业转型升级的重要驱动力，是构建和增强上海旅游核心竞争力、提升上海旅游地复杂系统演化能力的关键。旅游地行动者适应性主体具有根据系统内外变化进行适应性调整、学习的特征，充分发挥旅游地行动者主观能动性、多主体行动者核心系统与其他子系统间的非线性作用，是旅游地持续创新的重要源泉。旅游业作为外部性、综合性和关联性很强的产业，政府在促进产业、企业等自主创新方面具有不可替代的重要作用。旅游企业作为旅游地创新的基本单元、旅游地创新的微观层面，是整个旅游地创新的基础。以下主要从宏观、中层和微观三个层面，从旅游地复杂系统行动者的视角，构建上海旅游地创新发展体系。

7.2.2.1　宏观层面

（1）旅游政策制度创新

以政府为主导，加强与上海自贸区联动，强化部门之间协同，加大旅游政策扶持力度，推进旅游专题政策制度创新。进一步放大72小时过境免签政策、离境退税政策效应，优化退税业务流程、异地退税互联互通等一系列举措，创新政策促进入境游规模和效益共同增长。创新旅游金融政策，加快探索旅游产业基金运作，让资本成为上海旅游创新发展的重要因素。突出旅游业对城市社会经济的引领作用，实施以旅游业引领国土改、住建、交通等部门规划与旅游产业规划的"多规合一"，推动各项规划的有效衔接，以政策创新助推上海全域旅游发展。加强适应"旅游＋"在大产业发展中的制度创新，规范标准引导新兴业态发展。制定扶持有优势的旅游企业"走出去"和中小旅游企业发展政策。

（2）旅游体制机制创新

以政府为主导，非政府组织协助实施。推进旅游体制创新，探索旅游综合改革、专项改革和旅游资源一体化管理等，加快"区港联动"制度创新，从一般性要素建设转向管理制度，解决旅游业长远发展的动力机制。推进全域旅游有序发展，加强部门旅游联合执法、市场监管，积极创新旅游业与相关部门间综合协调机制，建立健全旅游联席会议制度，完善提升各级旅游部门职能和发挥旅游行业协会自律作用的重要性，强化旅游投诉举报处理，推进文明旅游。创新、完善治理体制，增强旅游者维权以及文明旅游意识，鼓励旅游者参与上海全域旅游发展的现代旅游治理。

（3）旅游环境创新

政府主导引领，非政府组织协助实施。优化旅游营商环境，提升旅游公共服务水平，加强上海海内外游客服务的公共设施网络建设，建设完成主要旅游点区公厕规范达标工程，优化上海旅游环境。创新旅游管理方式，探索旅游监管方式创新，推进以行政抽查为重点的监管制度建设，从品牌建设、第三方测评、诚信管理、社会监督等方面着手，构建旅游市场监管机制，营造健康有序的旅游市场环境。建立健全旅游综合事务协调、旅游投诉统一受理、旅游案件联合查办等监管机制。推进旅游政风行风和法制建设，健全安全管理体系，完善应急预案，进一步提升突发事件应急处置能力。

（4）旅游科技创新

政府扶持引导，企业主导实施。以科技创新引领智慧旅游发展，实现大数据信息共享，实现跨地区、跨行业、跨部门的信息整合，真正让游客"一机在手，说走就走，说游就游"。通过构建景区运营模型，推进景区管理标准化建设。创新智慧景区建设，通过物联网布局景区，对大数据进行分类挖掘和分析，确保游客出行前、中、后的全程游服务不脱节。信息技术主导新产品和新业态创新，运用大数据重构产业格局。运用数字化虚拟技术冲击旅游感官体验。物联网、互联网综合技术推动旅游产品服务界面和管理流程再造。加强人才队伍建设，为旅游科技创新提供人才科技支撑。

7.2.2.2　中观层面

（1）旅游产业创新

政府引领主导，企业跟随实施。加强产业渗透、产业融合与业态创新，从"旅游+"转变为"+旅游"融合创新，以产业为根本，旅游应时而变；以旅游做平台，重塑产业生态，多方面、多范围进行产业重塑与再造。拓宽旅游产业面，进一步打造以旅游业为主的现代服务业集聚区，使以景观吸引为主的相对单一旅游功能转向集聚多种服务的综合性旅游功能，持续推进城旅一体化发展。推进会展旅游、邮轮旅游、体育旅游等新业态创新发展，延伸产业链。加深文旅融合，弘扬上海城市精神，增强上海文化旅游"辨识度"。产业开发上，从相对单一依靠"投入拉动"开发景点和注重硬件设施建设向更多依靠资源整合、体制创新、内涵提升和加强服务与环境建设来推动旅游发展的重大转变。

（2）旅游市场营销创新

企业主导实施，政府、非政府组织引导和协调。强化市场导向，适应淡化资源导向，加强旅游市场细分，考虑目标受众价值取向。开发多层次市场，进一步加强包括"一带一路"沿线主要国家在内的51个国家、"长江经济带"、长三角地区的旅游营销及协同合作，联动开发，互惠互利。加强营销创新和社会公共关系的互动，通过资源价值化、价值品牌化、品牌故事化、故事情境化、情境体验化、体验社交化的方式，促进与游客沟通、交流。借助互联网，以旅游做社群，强化旅游品牌互动，将休闲社交的社群、圈层作为旅游品牌营销工具，进一步细分旅游市场。在旅游品牌建设上，通过联合营销、平台共享、市场互接、品牌授权等创新方式，融合品牌与旅游产业间的价值平台，释放品牌宣传功能和旅游文化交流功能，强化消费者的旅游品牌感知体验。

（3）旅游组织模式创新

以政府为主导。坚持"引进来"与"走出去"并举，培育具有竞争力的大型旅游企业集团；推进旅行社批零体系建设，扶持旅行社集团化、专业化、网点化发展；根据市场需求，发展经济型及精品型酒店，加快酒店业的网络化、品牌化发展，推进住宿业结构调整和景区（点）经营体制改革。

7.2.2.3　微观层面

（1）旅游产品与服务创新

以企业为主导实施，政府鼓励扶持为辅。以创意为核心，实施旅游产品创新的主体多元化，带动旅游产品的更新换代，增加和改善新产品细节服务，突出特色与集中展示旅游产品的核心价值，把旅游产品、服务和游客体验做到极致，进行整合营销与多元化的传播，保持旅游业持续发展的竞争力。将文化、旅游与相关产业及技术融合，引领旅游产品不断升级和演进，丰富上海红色旅游项目内涵和载体，提升"阅读建筑"系列文旅项目影响力，携手长三角推介"主题＋体验"旅游产品。放大迪士尼溢出效应，鼓励各市区推出与迪士尼联动的特色专题旅游线路，创新引导携程、春秋、国旅等旅行社开展迪士尼乐园线上、线下互动营销活动。通过创造全方位、个性化、定制式的旅游服务平台和业态，让旅游者生活更自由自在、更具获得感、更满足。以游客满意度为基准、人性化服务为方向、信息化为主要途径、质量提升工程为载体，健全旅游标准化体系，完善旅游服务设施系统和质量体系，创建旅游服务品牌，提高旅游服务效率和信息化服务水平，强化旅游从业人员服务水平和意识，促进旅游服务创新。

（2）经营管理创新

以企业为主导，政府协调配合。以企业家精神，分享、共享思想引领商业模式创新，创新企业管理结构，突出企业团队精神。健全企业网络连接和信息化网络体系，实现网络经营和信息化交流传播；增强品牌营销的意识，建立销售网络，通过网络自主宣传、寻找合作伙伴方式，提升品牌辐射力、影响力；建立旅游行业经纬网，实现与同行企业资源共享，统一购、销，加强与行业上、下游企业联系，实现游客全程化服务；采取多元化经营，分散经营风险；激发保护企业家精神，以"创新"和"服务"为主流，鼓励个人和部门创新，实现企业与旅游的文化交融，创立企业品牌，增加新时代旅游知识。

本着建设具有全球影响力的世界著名旅游城市目标，以提升上海旅游地复杂系统行动者适应性主体的自主创新能力为抓手，旅游地复杂系统内外各子系统交互协同演化为基础，坚持"改革创新、融合发展、提升能级"要求，以文化引领、全域发展、大产业格局为发展主线，加快上海城旅一体化发展，塑造上海都市旅游景观新空间，提升上海旅游业的市场国际竞争力、旅游形象国际影响力、都市文化旅游标识度、旅游品牌国际辐射力，为上海旅游地复杂系统演化提供持续动能，推动上海旅游地健康、有序地发展。

第 8 章

结论与展望

本章首先对全书研究结论进行系统性总结提炼，概述旅游地复杂系统的内涵及演化实质，提炼旅游地复杂系统演化规律，概括上海旅游地复杂系统演化过程、动力机制，归纳推进上海旅游地复杂系统演化的主导因素，进行旅游地复杂系统演化研究理论总结与凝练；其次，总结了全书在研究方法、研究理论、研究内容方面的创新之处；最后，从研究体系、内容和结构上，提出本书局限性和不足之处，并对旅游地复杂系统演化研究进行展望。

8.1 结 论

本书以旅游地复杂系统演化过程和机制为研究命题，选取上海为案例地，立足系统科学理论，融合网络科学研究方法，应用非线性复杂性分析方法——水平可视图算法（HVG），结合网络模块化分析，阐述旅游地复杂系统概念框架，研究旅游地复杂系统演化的复杂结构，识别系统演化过程"转折点"及影响因素，探究系统演化阶段及发展特征，解析旅游地复杂系统演化的本质和动力机制，提出提升系统演化能力的相关措施，以期深入理解旅游地复杂系统演化过程及背后成因，在一定程度上丰富了旅游地演化的研究内容和理论体系。

第一，旅游地复杂系统是一个具有多主体、多要素、多层次及多目标的开放复杂适应系统，政府、企业、居民、游客、非政府组织等旅游地行动者作为旅游地复杂系统的适应性主体，构成旅游地复杂系统主体系统——多主体行动者子系统，并以其个体微观的适应性学习为系统主要驱动力，通过与系统内外部的旅游吸引物子系统、旅游服务设施子系统和环境子系统在物质、能量和信息交流过程中，产生非线性的交互作用，推动旅游地复杂系统进化发展。

第二，旅游地复杂系统遵循"有序—混沌（边缘）—涌现—更高级有序"，从低级有序走向高级有序的演化阶段"跃迁"过程。上海旅游地复杂系统的四个时间序列网络度分布指数 λ 值小于或接近 λ_c（混沌阈值），表明上海旅游发展处于"无序中的有序"的"混沌的开始"（混沌边缘）或已进入混沌的高级有序态，系统原有的秩序已瓦解，旧的演化阶段已结束，旅游地新的结构和功能正逐渐涌现，有待新演化阶段高级有序态的生成。这与 Baggio 米兰案例（研究数据为商务游客）的总结"旅游地系统有明显混沌状态的趋势"相一致，但与 Sainaghi 对意大利 Trento 和 Bolzano 两个省七个旅游地演化结论"系统很复杂，但远离混沌阈值"有一定差异；这是否与上海和米兰都属于商务型旅游地相关，需要进一步研究验证。

第三，旅游地复杂系统演化过程是混沌吸引子不断改变，发生"跃迁"的过程。上海旅游地复杂系统演化的六个"转折点"（2002 年、2006 年、2008 年、2010 年、2013 年和 2016 年）与上海近年来各类重大事件的时间相对应，表明重大事件对"转折点"起到了"触发"作用，有助于开创上海旅游地复杂系统演化的新阶段。政府作为重大事件的主要推动者和举办者、旅游地复杂系统的适应性主体，其学习创新能力的提升在旅游地演化阶段的"跃升"过程中起到"推进器"的作用。上海旅游地复杂系统的七个演化阶段（1998 ~ 2002 年、2003 ~ 2006 年、2007 ~ 2008 年、2009 ~ 2010 年、2011 ~ 2013 年、2014 ~ 2016 年、2017 年至今）则体现为上海旅游业阶段性发展目标不断实现，即系统混沌吸引子持续"跃迁"的过程。结合六个"转折点"的具体时间点，2016 年上海迪士尼开业作为"触发事件"，打破了上海旅游业原有的发展秩序，将上海旅游业推向了新的进化发展路径，但尚处于不稳定的发展状态。旅游地决策者应提高相关政策框架、决策、治理手段、旅游区（项目）开发、企业及个人行为的适应性，加强旅游地规划和管理过程，顺应旅游地发展趋势，应对不断变化的环境，有助于上海旅游地新演化阶段的稳定、有序发展。定量识别旅游地复杂系统演化"转折点"，探究推进旅游地复杂系统演化的主导因素，有利于开创旅游地新的演化阶段，促进旅游地从低级有序向高级有序演化。

第四，上海旅游业发展的"混沌"状态与国际旅游主要影响国和国内旅游外地游客的需求变化有关。上海应加强国际旅游主要影响国和国内外地游客市场的管理和引导，使其逐渐趋于稳定的可预测有序状态，促进旅游地新演化阶段有序态的生成。研究进一步证明了非线性方法研究旅游地复杂系统演化的必要性。当旅游地处于或接近混沌（边缘）时，线性模型无法完全解释系统和预测未来，旅游地管理者无法完全控制旅游地的开发路径。引入了非线性定量化方法，分析旅游地复杂系统的发展状态及影响因素，有助于改进旅游地绩效评价体系，为制定旅游地适应性管理手段和实践创新提供科学的依据，对旅游地管理者和企业具有重要的意义。

第五，旅游地复杂系统演化的本质是系统适应性主体——旅游地行动者微观个体进化的结果，旅游地复杂系统演化中不断涌现更复杂、更高级别的结构和功能，其动力来源于旅游地复杂系统适应性主体间及与系统内外其他系统间的非线性相互作用。旅游地复杂系统适应性主体的进化路径遵循"自然选择主导的单主体行动阶段——适应性学习主导的多主体互动阶段——自主创新主导的多主体网络阶段"。根据上海旅游地复杂系统适应性主体七个演化阶段的进化行为，可以划分为自然选择为主导单主体行动阶段（1998~2006年）、学习适应主导多主体互动阶段（2007~2010年）、自主创新主导多主体网络阶段（2011年至今）三个阶段。政府和企业的适应性主体行为在系统的适应性主体间及与旅游吸引物子系统、旅游服务设施子系统和外部环境子系统的非线性作用驱动力中发挥着重要的作用。

进一步加强上海旅游地复杂系统的优化协调、整合创新，以强化行动者主体的非线性作用为切入点，充分调动政府、企业等系统适应性主体的主观能动性，统筹协调系统内外各发展要素，优化资源配置，达成供需关系、人地关系、区域发展协调，建立良性发展机制，整合营销与品牌、区域文化、产业链，构建上海旅游地创新发展体系，提升上海旅游复杂系统的演化能力，适应世界经济新常态的发展，创造系统演化有利环境，推动上海旅游地复杂系统进化发展。

8.2 创新点

第一，研究方法有特色。本书采用系统科学和网络科学相结合的研究方法，将 HVG 非线性时间序列网络化分析方法、复杂网络模块化分析等定量方法引入旅游地复杂系统演化研究，丰富了旅游地理学研究的方法。HVG 将表征旅游地演化结构及其演化动力学特征的时间序列映射成为具有原时间序列动力学信息的网络，通过网络分析法诠释旅游地复杂系统演化的复杂结构，识别演化过程"转折点"，划分演化阶段，搭建起了"网络科学"与"旅游地生命周期理论"之间的"桥梁"，为旅游地演化研究提供了全新的视角。

第二，研究理论有所创新。本书将耗散结构理论、混沌理论、复杂适应系统理论相结合，阐述旅游地复杂系统的概念，分析旅游地复杂系统演化的环境，探索旅游地复杂系统演化的复杂特征，揭示旅游地复杂系统演化过程和机制的实质，提出了旅游地复杂系统演化的理论框架，丰富了旅游地演化研究的理论体系。

第三，研究内容有特色。本书以上海旅游发展为案例，探究旅游地复杂系统演化复杂性和复杂结构，识别上海旅游发展过程"转折点"及影响因素，揭示上海旅游发展过程特征，洞悉上海旅游地复杂系统演化本质和机制，提出提升上海旅游地复杂系统演化能力的相关措施，有助于推动上海旅游产业转型升级和提质增效，为促进上海旅游业健康、有序的发展提供了科学依据，为我国世界著名旅游城市的建设提供了示范典型，具有一定的理论与实践意义。

8.3　局限性与展望

本书对于上海旅游地复杂系统的复杂结构和演化过程分析结论是由所使用的上海近二十年来接待旅客人数的时间序列得出的，数据来源于上海旅游局及上海统计局官网，由于一些统计数据的缺失，未能完全反映上海国内散客实际情况；对于采用不同的时间序列和其他类型的数据系统来验证同一旅游目的地的演化阶段和转折点是否保持不变或得到不同的结论，并通过更复杂的分析方法来深化旅游地复杂系统演化的研究，将引导今后的进一步研究。

但正如 Baggio 在研究米兰案例时所说的，研究的局限性并没有降低实证研究结论的价值。HVG 将复杂系统科学理论与网络科学定量分析方法相结合，研究旅游地复杂系统演化的过程和复杂性，得到了不同于传统生命周期理论分析形式的研究结论，为旅游地演化研究提供了定量化分析的方法，打开了全新的研究视角。

此外，本书对于上海旅游地复杂系统演化的影响因素研究，除了从演化过程"转折点"和复杂结构影响因素着手之外，还应从其他方面进一步探索；对于旅游地复杂系统演化的动力形成机制模型和运行机制可进一步深入研究；对涉及旅游地复杂系统的空间格局演变过程的研究应进一步加强，进而形成较为完整的旅游地复杂系统演化理论分析链条。

参考文献

［1］保继刚，郑海燕．苏州城市旅游地生命周期的系统动态研究
［J］．规划师，2004，20（11）：12－16.

［2］卞显红．基于自组织理论的旅游产业集群演化阶段与机制研
究——以杭州国际旅游综合体为例［J］．经济地理，2011，31（2）：
327－332.

［3］陈冬冬，章锦河，刘法建．旅游业知识管理国内外研究进展及
启示［J］．旅游论坛，2008，1（3）：336－340.

［4］陈睿，吕斌．区域旅游地空间自组织网络模型及其应用［J］.
地理与地理信息科学，2004，20（6）：81－86.

［5］陈秀琼，黄福才．基于社会网络理论的旅游系统空间结构优化
研究［J］．地理与地理信息科学，2006，15（5）：75－80.

［6］陈雪婷．旅游地域系统的复杂性研究［D］．东北师范大
学，2015.

［7］陈雪．基于情景的突发公共卫生事件系统动力学模型研究
［D］．吉林大学，2021.

［8］崔凤军，何晓霜，李山，等．长三角区域旅游合作的演化阶段
及其供需耦合［J］．世界地理研究，2018，27（6）：42－53.

［9］德尼·布伊康．达尔文与达尔文主义［M］．史美珍，译．北
京：商务印书馆，1995.

［10］恩斯特·迈尔.进化是什么［M］.田洺,译.上海:上海科学出版社,2003.

［11］冯卫红.基于人地关系的生态旅游地域系统演变定量分析［J］.人文地理,2006,90(4):74-78.

［12］弗里德里希·克拉默.混沌与秩序——生物系统的复杂结构［M］.上海:上海世纪出版集团,2010.

［13］高苹,席建超.旅游目的地网络空间结构及其复杂性研究——野三坡旅游地案例实证［J］.自然资源学报,2018,33(1):85-98.

［14］高庆一,李牧.基于GN算法的重叠社区识别方法［J］.华中科技大学学报(自然科学版),2015,43(9):13-15.

［15］郭伟,方淑芬.旅游地复合系统协调开发理论·方法·实证［M］.北京:地质出版社,2004.

［16］郭晓东,肖星,房亮.新休假制度对国内旅游流时空结构及旅游开发的影响分析［J］.旅游学刊,2008,23(5):38-41.

［17］何建民.我国都市旅游发展的产业政策研究——上海问题与国际经验［J］.旅游科学,2006,20(6):1-8.

［18］胡瑞娟,匡林.论新时期中国三大旅游市场政策取向［J］.旅游学刊,2009,24(1):19-22.

［19］贾晓辉.基于复杂适应系统理论的产业集群创新主体行为研究［D］.哈尔滨工业大学,2016.

［20］蒋长春,张瑜.耗散结构视角下的海岛型旅游地系统演化机制研究:以妈祖圣地湄洲岛为例［J］.中国农学通报,2013,29(11):213-220.

［21］琚胜利,陆林.庐山风景区功能演化的混沌特征及其启示［J］.地理与地理信息科学,2010,26(1):103-107.

［22］李伯华,曾荣倩,刘沛林,等.基于CAS理论的传统村落人居环境演化研究——以张谷英村为例［J］.地理研究,2018,37(10):1982-1996.

［23］李超．基于系统动力学的云制造模式扩散机制研究［D］．太原理工大学，2021.

［24］李佳婧，陈朝隆．区域旅游系统与交通系统耦合关系的时空分异——以广东省为例［J］．华南师范大学学报（自然科学版），2018，50（4）：90-96.

［25］李文兵，余柳仪，陈望雄．网络嵌入视角下传统村落旅游自组织演化分异——宜春天宝古村与贾家古村的比较研究［J］．中南林业科技大学学报（社会科学版），2018，12（5）：83-91.

［26］李文兵．旅游控制论——以"黄金周"旅游系统为例［J］．西北师范大学学报（自然科学版），2003，39（3）：77-80.

［27］李雪，董锁成，李善同．旅游地域系统演化研究综论［J］．旅游学刊，2012，27（9）：46-55.

［28］李雪岩．基于自组织混沌边缘决策的交通流演化研究［D］．北京交通大学，2018.

［29］李珍，刁钢，赵慧峰．中国羊肉价格市场一体化的动态分析——基于频谱的格兰杰因果关系检验［J］．农业技术经济，2020（11）：122-134.

［30］梁晓艳，李志刚．我国外商直接投资空间分布特征成因的空间计量分析［D］．吉林大学，2006.

［31］刘承良，颜琪，罗静．武汉城市圈经济资源环境耦合的系统动力学模拟［J］．地理研究，2013，32（5）：857-869.

［32］刘法建，张捷，陈冬冬．中国入境旅游流网络结构特征及动因研究［J］．地理学报，2010，65（8）：1013-1024.

［33］刘法建，张捷，章锦河，等．旅游地网络的演化与时空特征研究——以黄山风景区及汤口社区为例［J］．地理科学，2014，34（12）：1428-1437.

［34］刘法建，张捷，章锦河，等．旅游地研究中的"联系"和网络——基于社会网络理论的旅游地研究述评［J］．旅游科学，2016，30

（2）：1 – 14.

　　［35］刘法建，张捷，章锦河，等．中国入境旅游流网络省级旅游地角色研究［J］．地理研究，2010，29（6）：1141 – 1152.

　　［36］刘法建，章锦河，陈冬冬．社会网络分析在旅游研究中的应用［J］．旅游论坛，2009，2（2）：172 – 177.

　　［37］刘峰．旅游系统规划——一种旅游规划新思路［J］．地理学与国土研究，1999，15（1）：56 – 60.

　　［38］刘海虹．基于复杂网络统计特性的非线性时间序列分析方法研究［D］．济南大学，2017.

　　［39］刘俊．海南居民对国际旅游岛政策影响的感知及态度［J］．旅游学刊，2011，26（6）：21 – 28.

　　［40］刘式达，刘式适．非线性动力学和复杂现象［M］．北京：气象出版社，1989.

　　［41］刘旭升．复杂网络上的演化博弈与观点动力学研究［D］．兰州大学，2018.

　　［42］刘尹霞．基于混沌预测的现场总线瓦斯监测系统［D］．辽宁工程技术大学，2005.

　　［43］陆林，鲍捷，凌善金，等．桂林 – 漓江 – 阳朔旅游地系统空间演化模式及机制研究［J］．地理科学，2012，32（9）：1066 – 1074.

　　［44］陆林，鲍捷．基于耗散结构理论的千岛湖旅游地演化过程及机制［J］．地理学报，2010，65（6）：755 – 768.

　　［45］陆林，陈振，黄剑锋，等．基于协同理论的旅游综合体演化过程与机制研究——以杭州西溪国家湿地公园为例［J］．地理科学，2017，37（4）：481 – 491.

　　［46］陆林，张清源，黄剑锋，等．基于全球地方化视角的旅游地演化理论探讨与展望［J］．地理学报，2021，76（6）：1504 – 1520.

　　［47］吕康娟．复杂城市网络及复杂产业网络的理论与实证研究［M］．北京：中国建筑工业出版社，2012.

［48］罗跃斌，王宝生，陈晓梅，等．可视图构建复杂网络算法综述［C］．第九届中国通信学会学术年会论文集，2012.

［49］罗子敬．复杂网络拓扑结构可视化的评估和优化［D］．东南大学，2020.

［50］马慧强，高苹，赵德宇，等．旅游目的地网络演化的空间过程及其影响因素研究——以野三坡旅游地为例［J］．资源科学，2018，40（9）：1890－1900.

［51］米歇尔·沃尔德罗普．复杂诞生于秩序与混沌边缘的科学［M］．陈玲，译．上海：三联书店，1997.

［52］苗东升．系统科学大学讲稿［M］．北京：中国人民大学出版社，2007.

［53］欧文·拉兹洛，克里斯托弗·拉兹洛．管理的新思维——第三代管理思想［M］．文昭，译．北京：社会科学文献出版社，2000.

［54］彭华．旅游发展驱动机制及动力模型探析［J］．旅游学刊，1999，14（6）：39－44.

［55］普里戈津，斯唐热．从混沌到有序（人与自然的新对话）［M］．曾庆宏，沈小峰，译．上海：上海译文出版社，1987.

［56］祁洪玲．大连金石滩滨海旅游地演化进程、机制与调控对策研究［D］．东北师范大学，2018.

［57］师黎，陈铁军，李晓媛，等．智能控制理论及应用［M］．北京：清华大学出版社，2009.

［58］石培华，吴普，冯凌，等．中国旅游业减排政策框架设计与战略措施研究［J］．旅游学刊，2010，25（6）：13－18.

［59］宋学锋．复杂性、复杂系统与复杂性科学［J］．中国科学基金，2003，17（5）：8－15.

［60］孙琪．城市生态旅游系统健康评价［D］．上海师范大学，2017.

［61］孙钰霞，张明举．对重庆市旅游系统优化问题的思考［J］.

桂林旅游高等专科学校学报，2002，13（3）：45 - 48.

［62］汤书昆，褚建勋，李志刚．网络传播中"小世界"模型：探讨复杂网络与媒介结构理论的新视角［C］.2004 年中国网络传播学年会论文集，2004.

［63］汤胤，易娜，毛景慧．基于有向有限穿越可视图的时间序列伴生网络［J］.系统工程学报，2017，32（2）：156 - 264.

［64］唐彦卿．混沌边缘在组合优化中的应用研究［D］.浙江大学，2021.

［65］王丹丹．基于系统动力学的绿色施工驱动机制研究［D］.扬州大学，2021.

［66］王迪云．旅游耗散结构系统开发理论与实践［M］.北京：中国市场出版社，2006.

［67］王冬．复杂网络的拓扑结构对传播动力学的影响研究［D］.哈尔滨工业大学，2021.

［68］王皓石．图像的混沌吸引子研究［D］.吉林大学，2015.

［69］王家骏．旅游系统模型：整体理解旅游的钥匙［J］.无锡教育学院学报，1999，13（1）：66 - 69.

［70］王利伟，徐红罡，张朝枝．武陵源世界遗产地的旅游网络构建和发生演变初探［J］.旅游科学，2009，2（4）：19 - 25.

［71］王素洁，胡瑞娟，程卫红．国外社会网络范式下的旅游研究述评［J］.旅游学刊，2009，24（7）：90 - 95

［72］王涛，邓荣霖．社会嵌入视角下的能力构建研究［J］.经济理论与经济管理，2010，2（9）：57 - 62.

［73］王云才．旅游经济系统运行动力学过程与机制探讨［J］.旅游学刊，2002，17（2）：10 - 14.

［74］维纳．维纳著作选［M］.钟韧，译.上海：上海译文出版社，1978.

［75］沃尔德罗普．复杂——诞生于秩序与混沌边缘的科学［M］.

陈玲，译．北京：三联书店，1997.

［76］吴必虎．旅游系统：对旅游活动与旅游科学的一种解释［J］．旅游学刊，1998，13（1）：21 – 25.

［77］吴人韦．论旅游规划的性质［J］．地理学与国土研究，1999，15（4）：50 – 54.

［78］徐红罡，马少吟．旅游小企业的创业机会识别研究——桂林阳朔西街案例［J］．旅游学刊，2012，27（8）：19 – 26.

［79］徐红罡，郑海燕，保继刚．城市旅游地生命周期的系统动态模型［J］．人文地理，2005，20（5）：72 – 75 + 25.

［80］徐红罡．旅游系统分析［M］．天津：南开大学出版社，2009.

［81］徐菁，靳诚，沙润．基于熵的区域旅游系统的自组织研究——以长江三角洲为例［J］．南京师范大学学报（自然科学版），2008，31（2）：130 – 134.

［82］徐小波，袁蒙蒙，姜晋荣．区域旅游空间结构演化及其组织效率的系统学审视［J］．地理与地理信息科学，2008，24（5）：103 – 107.

［83］续育茹．非线性动力系统的混沌动力学研究［D］．北京工业大学，2020.

［84］薛领，杨开忠．复杂性科学理论与区域空间演化模拟研究［J］．地理研究，2002，21（1）：79 – 88.

［85］阎友兵，张颖辉．基于自组织理论的湖南旅游系统演化分析［J］．经济地理，2012，32（1）：171 – 176.

［86］颜泽贤，范冬萍，张华夏．系统科学导论——复杂性探索［M］．北京：人民出版社，2006.

［87］颜泽贤．耗散结构与系统演化［M］．福州：福建人民出版社，1987.

［88］杨春宇，黄震方，毛卫东．基于系统科学的旅游地演化机制及

规律性初探［J］. 旅游学刊，2009，24（3）：55－62.

［89］杨效忠，张捷，彭敏. 跨界旅游区合作的特征及影响机制研究［J］. 地理科学，2011，31（10）：1189－1194.

［90］杨效忠，张捷，乌铁红. 跨界旅游区的组织网络结构与合作模型——以大别山天堂寨为例［J］. 地理学报，2009，64（8）：977－988.

［91］杨新军，窦文章. 旅游功能系统：结构与要素分析［J］. 人文地理，1998，13（2）：37－41＋57.

［92］杨兴柱，顾朝林，王群. 南京市旅游流网络结构构建［J］. 地理学报，2007，62（6）：609－620.

［93］杨仲元，徐建刚，林蔚. 基于复杂适应系统理论的旅游地空间演化模式——以皖南旅游区为例［J］. 地理学报，2016，71（6）：1059－1074.

［94］于佳丽. 递归神经网络的连续吸引子与模糊控制［D］. 电子科技大学，2009.

［95］虞虎，刘青青，陈田，等. 都市圈旅游系统组织结构、演化动力及发展特征［J］. 地理科学进展，2016，35（10）：1288－1302.

［96］袁玲燕，张玥. 旅游与全球化关系研究进展及启示［J］. 世界地理研究，2018，27（6）：115－126.

［97］张朝枝，保继刚. 休假制度对遗产旅游地客流的影响——以武陵源为例［J］. 地理研究，2007，26（6）：1295－1303.

［98］张君弟. 论复杂适应系统涌现的受限生成过程［J］. 系统辩证学学报，2005，13（2）：44－48.

［99］张树民，钟林生，王灵恩. 基于旅游系统理论的中国乡村旅游发展模式探讨［J］. 地理研究，2012，31（11）：2094－2103.

［100］张昀. 生物进化［M］. 北京：北京大学出版社，1998.

［101］赵磊. 网络：旅游系统研究的新经济社会学转向［J］. 旅游学刊，2011，26（2）：20－27.

［102］赵黎明，杨其元．旅游城市系统［M］．武汉：华中科技大学出版社，2007．

［103］赵刘，王咏．基于社会－生态弹性的旅游系统分析模型与研究框架［J］．资源开发与市场，2018，34（10）：1456－1460．

［104］只睿．基于复杂网络模型的地铁盾构施工风险演化分析研究［D］．北京交通大学，2021．

［105］Albrecht J N. Networking for Sustainable Tourism towards a Research Agenda［J］. Journal of Sustainable Tourism，2013，21（5）：639－657.

［106］Amaral L A N，Ottino J M. Complex Networks－Augmenting the Framework for the Study of Complex Systems［J］. Eur Phys J B，2004，38：147－162.

［107］Arnaboldi M，Spiller N. Actor-Network Theory and Stakeholder Collaboration：The Case of Cultural Districts［J］. Tourism Management，2011，32（3）：641－654.

［108］Athiyaman A，Robertson R W. Time Series Forecasting Techniques：Short-term Planning in Tourism［J］. International Journal of Contemporary Hospitality Management，1992，4（4）：8－11.

［109］Baggio J A. Agent-based Modeling and Simulations in Quantitative Methods in Tourism：A Handbook［M］. Bristol：Channel View，2011.

［110］Baggio R，Cooper C. Knowledge Transfer in a Tourism Destination：The Effects of a Network Structure［J］. The Service Industries Journal，2010，30（10）：1757－1771.

［111］Baggio R，Del Chiappa G. Real and Virtual Relationships in Tourism Digital Ecosystems［J］. Information Technology & Tourism，2013，14（1）：3－19.

［112］Baggio R，Sainaghi R. Complex and Chaotic Tourism Systems：Towards a Quantitative Approach［J］. International Journal of Contemporary

Hospitality Management, 2011, 23 (6): 840 – 861.

[113] Baggio R, Sainaghi R. Mapping Time Series into Networks as a Tool to Assess the Complex Dynamics of Tourism Systems [J]. Tourism Management, 2016, 54: 23 – 33.

[114] Baggio R, Scott N, Cooper C. Network Science-A Review Focused on Tourism [J]. Annals of Tourism Research, 2010, 37 (3): 802 – 827.

[115] Baggio R, Scott N, Cooper C. Using Network Analysis to Improve Tourist Destination Management [M] // Trends in European Tourism Planning and Organisation Systems, Bristol: Channel View Publications, 2013: 278 – 288.

[116] Baggio R. Symptoms of Complexity in a Tourism System [J]. Tourism Analysis, 2007, 13 (1): 1 – 20.

[117] Baggio R. Tourism Destinations: A Universality Conjecture Based on Network Science [J]. Annals of Tourism Research, 2020, 82 (3 – 5): 75 – 174.

[118] Baidal J A, Sánchez I R, Rebollo J F V. The Evolution of Mass Tourism Destinations: New Approaches Beyond Deterministic Models in Benidorm (Spain) [J]. Tourism Management, 2013, 34 (2): 184 – 195.

[119] Bain J S. Market Classification in Modern Price Theory [J]. The Quarterly Journal of Economics, 1942, 56 (4): 560 – 574.

[120] Barabási A L, Albert R. Emergence of Scaling in Random Networks [J]. Science, 1999, 208 (11): 509 – 512.

[121] Barrat A, Weigt M. On the properties of Small-World Network Models [J]. The European Physical Journal B, 2000, 13 (3): 547 – 560.

[122] Barrutia J M, Echebarria C. Factors Affecting the Attitude of Tourism Destination Local Authorities towards Sustainable Planning Tools in a

Networking Context: The Balearic Sustainability Network [J] . Journal of Sustainable Tourism, 2015, 23 (2): 207 – 233.

[123] Beaumont N, Dredge D. Local Tourism Governance: A Comparison of Three Network Approaches [J] . Journal of Sustainable Tourism, 2010, 18 (1): 7 – 28.

[124] Bendle L J, Patterson I. Network Density, Centrality, and Communication in a Serious Leisure Social World [J] . Annals of Leisure Research, 2008, 11 (12): 1 – 19.

[125] Beritelli P. Cooperation among Prominent Actors in a Tourist Destination [J] . Annals of Tourism Research, 2011, 38 (2): 607 – 629.

[126] Bhat S S, Milne S. Network Effects on Cooperation in Destination Website Development [J] . Tourism Management, 2008, 29 (6): 1131 – 1140.

[127] Bologna M, Vanni F, Krokhin A, et al. Memory Effects in Fractional Brownian Motion with Hurst Exponent H < 1/3 [J] . Physical Review E, 2010, 82: 103 – 116.

[128] Bornhorst T, Ritchie J R, Sheehan L. Determinants of Tourism Success for DMOs & Destinations: An Empirical examination of stakeholders' perspectives [J] . Tourism Management, 2010, 31 (5): 572 – 589.

[129] Boukas N, Ziakas V. A Chaos Theory Perspective of Destination Crisis and Sustainable Tourism Development in Islands: The Case of Cyprus [J] . Tourism Planning and Development, 2014, 11 (2): 191 – 208.

[130] Bregoli I, Hingley M, Del Chiappa G, et al. Challenges in Italian Wine Routes: Managing Stakeholder Networks [J] . Qualitative Market Research, 2016, 19 (2): 204 – 224.

[131] Burt R S. Structural Holes: The Social Structure of Competition [M] . Cambridge: Harvard University Press, 1992.

[132] Butler R W. The Concept of a Tourist Area Cycle of Evolution:

Implications for Management of Resources [J]. Canadian Geographer, 1980, 24 (1): 5 – 12.

[133] Campopiano G, Minola T, Sainaghi R. Students Climbing the Entrepreneurial Ladder: Family Social Capital and Environment-related Motives in Hospitality and Tourism [J]. International Journal of Contemporary Hospitality Management, 2016, 28 (6): 1115 – 1136.

[134] Charakopoulos A K, Katsouli G A, Karakasidis T E. Dynamics and Causalities of Atmospheric and Oceanic Data Identified by Complex Networks and Granger Causality Analysis [J]. Physica A, 2018, 495 (4): 436 – 453.

[135] Clauset A, Newman M E, Moore C. Finding Community Structure in Very Large Networks [J]. Physical Review E, 2004, 70 (12): 66 – 111.

[136] Cole S. A Logistic Tourism Model: Resort Cycles, Globalization, and Chaos [J]. Annals of Tourism Research, 2009, 36 (4): 689 – 714.

[137] Cooper, Jackson. Destination Life Cycle: The Isle of Man Case Study [J]. Annals of Tourism Research, 1989, 16 (3): 377 – 398.

[138] Costa L da F, Oliveira O N, Travieso G, et al. Analyzing and Modeling Real-World Phenomena with Complex Networks: A Survey of Applications [J]. Advances in Physics, 2011, 60 (3): 329 – 412.

[139] Coviello N E. The Network Dynamics of International New Ventures [J]. Journal of International Business Studies, 2006, 37 (5): 713 – 731.

[140] Csermely P. Creative Elements: Network-based Predictions of Active Centres in Proteins and Cellular and Social Networks. Trends in Biochemical Sciences [J]. 2008, 33 (12): 569 – 576.

[141] Debbage K G. Oligopoly and the Resort Cycle in the Bahams [J]. Annals of Tourism Research, 1990, 17 (4): 513 – 527.

[142] Del Chiappa G, Presenza A. The Use of Network Analysis to

Assess Relationships Among Stakeholders within a Tourism Destination: An Empirical Investigation on Costa Smeralda-Gallura, Italy [J]. Tourism Analysis, 2013, 18 (1): 1 – 13.

[143] Dominici G, Levanti G. The Complex System Theory for the Analysis of Inter-Firm Networks: A Literature Overview and Theoretic Framework [J]. International Business Research, 2011, 4 (2): 31 – 37.

[144] Dredge D. Policy Networks and the Local Organisation of Tourism [J]. Tourism Management, 2006, 27 (2): 269 – 280.

[145] Duval D T. Critical Issues in Air Transport and Tourism [J]. Tourism Geographies, 2013, 15 (3): 494 – 510.

[146] D'Angella F, De Carlo M, Sainaghi R. Archetypes of Destination Governance: A Comparison of International Destinations [J]. Tourism Review, 2010, 65 (4): 61 – 73.

[147] Elsner J B, Jagger T H, Fogarty E A. Visibility Network of United States Hurricanes [J]. Geophysical Research Letters, 2009, 36 (14): 167 – 185.

[148] Fan C, Guo J L. Visitor Flow Pattern of Expo 2010 [J]. Chinese Physics B, 2012, 21 (7): 70 – 79.

[149] Farrell B H, Twining-Ward L. Reconceptualizing Tourism [J]. Annals of Tourism Research, 2004, 31 (2): 274 – 295.

[150] Faulkner B, Russell R, Moscardo G, et al. Turbulence, Chaos and Complexity in Tourism Systems: A Research Direction for the New Millennium [M] //Tourism in the 21st Century: Lessons from Experience. London: Continuum, 2001: 328 – 349.

[151] Fire M, Guestrin C. The Rise and Fall of Network Stars: Analyzing 2.5 Million Graphs to Reveal How High-Degree Vertices Emerge Over Time [J]. Information Processing and Management, 2020, 57 (2): 102041.

[152] Fortunato S. Community Detection in Graphs [J]. Phys Rep, 2010, 486 (3 - 5): 75 - 174.

[153] Fortunato S. Community Detection in Graphs [J]. Physics Reports, 2010, 486 (3): 75 - 174.

[154] Girvan M, Newman M E J. Community Structure in Social and Biological Networks [J]. Proc Natl Acad Sci USA, 2002, 99 (12) 7821 - 7826.

[155] Glückler J. Economic Geography and the Evolution of Networks [J]. Journal of Economic Geography, 2007, 7 (5): 619 - 634.

[156] Grama C N, Baggio R. A Network Analysis of Sibiu County, Romania [J]. Annals of Tourism Research, 2014, 47 (1): 89 - 93.

[157] Gui Q, Deng R, Xue P, et al. A Community Discovery Algorithm Based on Boundary Nodes and Label Propagation [J]. Pattern Recognition Letters, 2018, 109 (12): 103 - 109.

[158] Gulati R. Network Location and Learning: The Influence of Network Resources and Firm Capabilities on Alliance Formation [J]. Strategic Management Journal, 1999, 20 (4): 397 - 420.

[159] Gunn C A, Var T. Tourism Planning: Basics, Concepts, Cases [M]. New York: Routledge, 2002.

[160] Hall C M. Rethinking Collaboration and Partnership: A Public Policy Perspective [J]. Journal of Sustainable Tourism, 1999, 7 (3): 274 - 289.

[161] Haugland S A, Ness H, Grønseth B O, et al. Development of Tourism Destinations: An Integrated Multilevel Perspective [J]. Annals of Tourism Research, 2011, 38 (1): 268 - 290.

[162] Ioannides D. Tourism Development Agents: The Cypriot Resort Cycle [J]. Annalst Tourism Research, 1992, 19 (4): 711 - 731.

[163] Johnson P A, Sieber R E. An Individual-based Approach to

Modeling Tourism Dynamics [J]. Tourism Analysis, 2010, 15 (5): 517 – 530.

[164] Kantz H, Schreiber T. Nonlinear Time Series Analysis [M]. Cambridge: Cambridge University Press, 1997.

[165] Kauffman S. At Home in the Universe: The Search for the Laws of Self-Organization and Complexity [M]. Oxford: Oxford University Press, 1995.

[166] Kernighan B W, Lin S. An Efficient Heuristie Procedure for Partitioning Graphs [J]. The Bell System Technical Journal, 1970, 49 (2): 291 – 307.

[167] Lacasa L, Toral R. Description of Stochastic and Chaotic Series Using Visibility Graphs [J]. Physical Review E, 2010, 82 (10): 036120.

[168] Langton C G. Computation at the Edge of Chaos: Phase Transitions and Emergent Computation [J]. Physica D, 1990, 42 (1/3): 12 – 37.

[169] Laws E, Prideaux B. Crisis Management: A Suggested Typology [J]. Journal of Travel and Tourism Marketing, 2005, 19 (2/3): 125 – 135.

[170] Leiper N. Systems Theory. Encyclopedia of Tourism [M]. London: Routledge, 2000.

[171] Liu K, Weng T F, Gu C G, et al. Visibility Graph Analysis of Bitcoin Price Series [J]. Physica A, 2020, 538 (9): 122952.

[172] Luque B, Lacasa L, Ballesteros F, et al. Horizontal Visibility Graphs: Exact Result for Random Time Series [J]. Physical Review E, 2009, 80 (10): 46 – 75.

[173] Luzzi G F, Flückiger Y. An Econometric Estimation of the Demand for Tourism: The Case of Switzerland [J]. Pacific Economic Review, 2003, 8 (3): 289 – 303.

［174］ March R, Wilkinson I. Conceptual Tools for Evaluating Tourism Partnerships ［J］. Tourism Management, 2009, 30 (3): 455 – 462.

［175］ McDonald J R. Complexity Science: An Alternative World View for Understanding Sustainable Tourism Development ［J］. Journal of Sustainable Tourism, 2009, 17 (4): 455 – 471.

［176］ McKercher B. A Chaos Approach to Tourism ［J］. Tourism Management, 1999, 20 (4): 425 – 434.

［177］ Meyer-Arend K J. The Grand Isle, Louisiana Resort Cycle ［J］. Annals Tourism Research, 1985, 12 (3): 449 – 465.

［178］ Mokryn O, Wagner A, Blattner M, et al. The Role of Temporal Trends in Growing Networks ［J］. PloS One, 2016, 11 (8): 0156505.

［179］ Moscardo G. The Role of Knowledge in Good Governance for Tourism. In Tourist Destination Governance: Practice, Theory and Issues Laws ［M］. Wallingford: CABI, 2011: 67 – 80.

［180］ Murphy P, Pritchard M P, Smith B. The Destination Product and its Impact on Traveller Perceptions ［J］. Tourism Management, 2000, 21 (1): 43 – 52.

［181］ Nahapiet J, Ghoshal S. Social Capital, Intellectual Capital, and the Organizational Advantage ［J］. Academy of Management Review, 1998, 23 (2): 242 – 266.

［182］ Newman M E. Detecting Community Structure in Networks ［J］. The European Physical Journal B-condensed Matter and Complex Systems, 2004, 38 (2): 321 – 330.

［183］ Newman M E. Networks-An Introduction ［M］. Oxford: Oxford University Press, 2010.

［184］ Nuñez A M, Lacasa L, Gomez J P, et al. Visibility Algorithms: Ashort Review ［M］// Zhang Y. New Frontiers in Graph Theory. Rijeka, Croatia: InTech, 2012.

［185］ Olmedo E, Mateos R. Quantitative Characterization of Chaordic Tourist Destination ［J］. Tourism Management, 2015, 47: 115 – 126.

［186］ Paget E, Dimanche F, Mounet J P. A Tourism Innovation Case: An Actor Network Approach ［J］. Annals of Tourism Research, 2010, 37 (3): 828 – 847.

［187］ Palmer A, Montano J, Sesé A. Designing an Artificial Neural Network for Forecasting Tourism Time Series ［J］. Tourism Management, 2006, 27 (5): 781 – 790.

［188］ Pavlovich K. A Rhizomic Approach to Tourism Destination Evolution and Transformation ［J］. Tourism Management, 2014, 41: 1 – 8.

［189］ Pavlovich K. The Evolution and Transformation of a Tourism Destination Network: The Waitomo Caves, New Zealand ［J］. Tourism Management, 2004, 24 (2): 203 – 216.

［190］ Pearce D. Tourist Development ［M］. London: Longman Scientific and Technical, 1989.

［191］ Poincaré H. Sur Certaines Solutions Particulières du Problème des Trois Corps ［C］. Comptes Rendus de L'Académie des Sciences, 1883.

［192］ Presenza A, Cipollina M. Analysing Tourism Stakeholders Networks ［J］. Tourism Review, 2010, 65 (4): 17 – 30.

［193］ Russell R, Faulkner B. Entrepreneurship, Chaos and the Tourism Area Life Cycle ［J］. Annals of Tourism Research, 2004, 31 (3): 556 – 579.

［194］ Russell R, Faulkner B. Movers and Shakers: Chaos Makers in Tourism Development ［J］. Tourism Management, 1999, 20 (4): 411 – 423.

［195］ Sainaghi R, Baggio R. Complexity Taits and Dynamics of Tourism Destinations ［J］. Tourism Management, 2017, 63: 368 – 382.

［196］ Sainaghi R, Baggio R. Structural Social Capital and Hotel

Performance: Is There a Link? [J]. International Journal of Hospitality Management, 2014, 37 (2): 99 – 110.

[197] Sainaghi R. Tourist Expenditures: The State of the Art [J]. Anatolia, 2012, 23 (2): 217 – 233.

[198] Sayama H. Introduction to the Modeling and Analysis of Complex Systems [M]. New York: Open SUNY Textbooks, 2015.

[199] Schianetz K, Kavanagh L. Sustainability Indicators for Tourism Destinations: A Complex Adaptive Systems Approach Using Systemic Indicator Systems [J]. Journal of Sustainable Tourism, 2008, 16 (6): 810 – 818.

[200] Schumpeter J A. The Theory of Economic Development: An Inquiry into Profits, Capital, Credit, Interest, and the Business Cycle [M]. Cambridge: Harvard University Press, 1934.

[201] Scott N, Cooper C, Baggio R. Destination Networks: Four Australian Cases [J]. Annals of Tourism Research, 2008, 35 (1): 169 – 188.

[202] Sessa A. The Science of Systems for Tourism Development [J]. Annals of Tourism Research, 1998, 15 (2): 219 – 235.

[203] Sprott J C. Chaos and Time-Series Analysis [M]. Oxford: Oxford University Press, 2003.

[204] Stacey R D. Complexity and Creativity in Organizations [M]. SanFrancisco: Berrett-Koehler, 1996.

[205] Strozzi F, Zaldívar J M, Poljansek K, et al. From Complex Networks to Time Series Analysis and Viceversa: Application to Metabolic Networks. Luxembourg: Office for Official Publications of the European Communities [C]. European Commission Joint Research Centre Scientific Technical Report, 2009.

[206] Sørensen F, Fuglsang L. Social Network Dynamics and

Innovation in Small Tourism Companies. Knowledge Networks and Tourism [M]. London: Routledge, 2014.

[207] Tang J, Wang Y, Liu F. Characterizing Traffic Time Series Based on Complex Network Theory [J]. Physica A, 2013, 392 (18): 4192 – 4201.

[208] Timur S, Getz D. A Network Perspective on Managing Stakeholders for Sustainable Urban Tourism [J]. International Journal of Contemporary Hospitality Management, 2008, 20 (4): 445 – 461.

[209] Turchin V. The Phenomenon of Science: A Cybernetic Approach to Human Evolution [M]. New York: Columbia university Press, 1977.

[210] Van der Zee E, Vanneste D. Tourism Networks Unravelled: A Review of The Literature on Networks in Tourism Management Studies [J]. Tourism Management Perspectives, 2015, 15 (7): 46 – 56.

[211] Van Doorn. Tourism Forecasting and the Policymaker: Criteria of Usefulness [J]. Tourism Management, 1984, 5 (1): 24 – 39.

[212] Van Valen L M A New Evolutionary Law [J]. Evolutionary Theory Journal, 1973, 1: 1 – 30.

[213] Von Friedrichs. Hotel Networks and Social Capital in Destination Marketing [J]. International Journal of Service Industry Management, 2006, 17 (1): 58 – 75.

[214] Wang N, Li D, Wang Q. Visibility Graph Analysis on Quarterly Macroeconomic Series of China Based on Complex Network Theory [J]. Physica A, 2012, 391 (24): 6543 – 6555.

[215] Wasserman S, Galaskiewicz J. Advances in Social Network Analysis: Research in the Social and Behavioral Sciences [M]. London: Sage Publications, 1994: 150 – 156.

[216] Watts D J, Strogatz S H. Collective Dynamics of "Small-World" Networks [J]. Nature, 1998, 393 (4): 440 – 442.

［217］ Watts D J, Strogatz S H. Collective Dynamics of "Small-World" Networks ［J］. Nature, 1998, 293 (4): 440 – 442.

［218］ Werthner H, Klein S. Information Technology and Tourism: A Challenging Relationship ［J］. International Journal of Tourism Research, 2000, 2 (6): 323 – 332.

［219］ Woodside A G, Hsu S Y, Marshall R. General Theory of Cultures' Consequences on International Tourism Behavior ［J］. Journal of Business Research, 2011, 64 (8): 85 – 799.

［220］ Zahra A, Ryan C. From Chaos to Cohesion-complexity in Tourism Structures: An Analysis of New Zealand's Regional Tourism Organizations ［J］. Tourism Management, 2007, 28 (3): 854 – 862.

［221］ Zhou C, Ding L, Zhou Y, et al. Visibility Graph Analysis on Time Series of Shield Tunneling Parameters Based on Complex Network Theory ［J］. Tunnelling and Underground Space Technology, 2019, 89 (3): 10 – 24.

［222］ Zhuang E, Small Michael, Feng G. Time Series Analysis of the Developed Financial Markets Integration Using Visibility Graphs ［J］. Physica A, 2014, 410 (9): 483 – 495.

后 记

随着旅游地发展复杂性的增加和复杂性科学的兴起，运用非线性方法进行旅游地演化研究成为旅游学研究的有效选择。本书试图从复杂系统理论出发，以上海为案例地做实证研究，基于网络研究视角，运用水平可视图算法将表征旅游地复杂系统动态行为的时间序列映射为复杂网络，使系统科学、非线性动力学和网络科学相结合，采用成熟复杂网络分析法诠释旅游地复杂系统随时间变化的演化规律，尝试搭建网络科学与旅游地生命周期理论之间的桥梁，为旅游地演化研究提供一种新的分析框架。本书具有理论和现实双重价值，能为旅游地演化研究和旅游地可持续发展提供一定的科学依据和理论支撑。

本书是在我博士论文的基础上修改编撰而成，在写作过程中得到安徽师范大学苏勤教授、焦华富教授、程先富教授、杨效忠教授、卢松教授、杨钊教授、王朝辉教授、杨兴柱教授、黄剑锋副教授、任以胜博士等给予的帮助和指导。感谢安徽师范大学地理与旅游学院的鲍静老师、丛然老师、方叶兵老师等诸位老师给予的帮助与支持。

感谢上海对外经贸大学刘少拜副教授、安徽财经大学邓洪波博士在我写作的过程中提出的宝贵意见和给予的帮助，感谢陈振、周李、朱其静、汪莹、穆成林、查晓莉、张海洲等同学在论文调研中给予的帮助和支持。感谢同窗挚友焦庚英博士、张荣天博士和广西大学的同事们在日常工作、学习与生活中给予的关心和帮助。感谢南京师范大学黄震方教授、东北大学的修春亮教授为本书写作提出的宝贵修改意见。

老师、同事、亲友、同行专家以及同学们的帮助使我能够顺利完成本书稿，也使我从中受益良多。但学术道路依然路漫漫，任何一门研究及学术理论都需要长期的探索与思考。网络视角下的旅游地复杂系统演化研究涉及系统科学、复杂性科学、网络科学、旅游学、人文地理学、城市地理学等众多学科的复杂命题，本书只是在前人所作研究成果的基础上进行尝试性探索研究，还存在很多有待进一步提高和完善的地方。由于我的学术基础与学术水平有限，本书中的疏漏、谬误及不足之处，也敬请专家批评指正，我将继续改进。

赵赞

2022 年 3 月 30 日

附　图

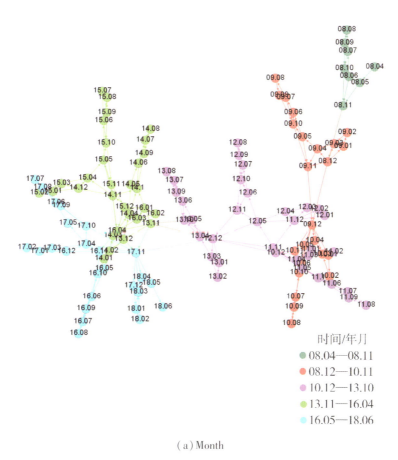

（a）Month

附图 1　Month、INT、DOM、Year 的 HVG 网络及模块化分析

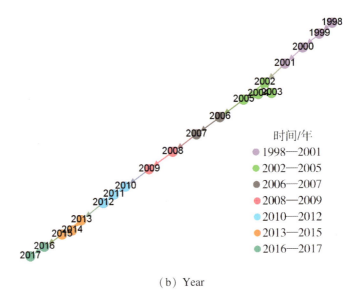

（b）Year

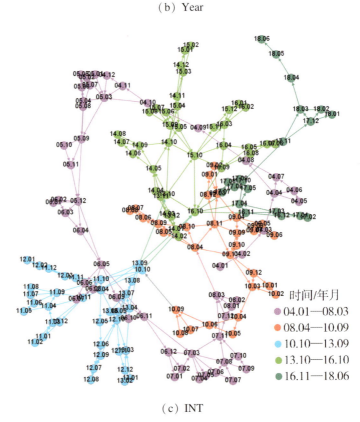

（c）INT

附图1 Month、INT、DOM、Year 的 HVG 网络及模块化分析（续）

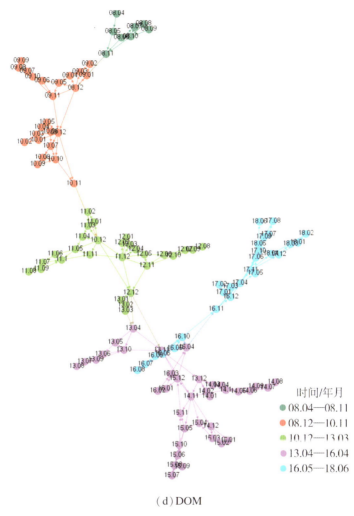

（d）DOM

附图 1 Month、INT、DOM、Year 的 HVG 网络及模块化分析（续）

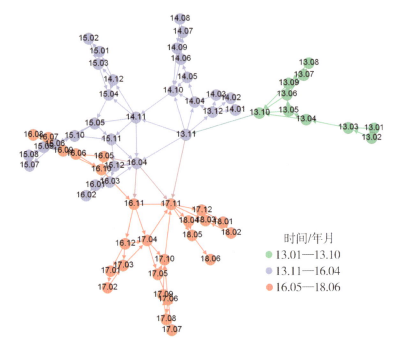

（a）Month（2013.01 – 2018.06）

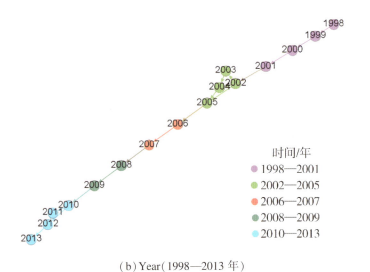

（b）Year（1998—2013 年）

附图 2 **Month（2013.01 – 2018.06）和 Year（1998 ~ 2013 年）**

HVG 网络及模块化转折点